AF423812

Jaime Galté

El más grande médium de nuestra historia…

El maestro espiritual más allá del tiempo…

Sergio Salinas Cañas
Edición y Producción Grupo de Estudios Jaime Galté

Registro de Propiedad Intelectual N° 257757
I.S.B.N: 978-956-362-539-4

Editor: Guillermo Bown Fernández.
Edición y Producción: "Grupo de Estudios Jaime Galté".
Impresión: 300 ejemplares.
1° edición, mayo 2016, Santiago, Chile.

Impreso por Gráfica LOM
Diseño de Portada: María Francia Prado Ramírez

Un murmullo como el aleteo de una mariposa se sentía en
toda la habitación...
¿En la habitación... o en mi propio interior?
¡Y de pronto sucedió!
Fue como un estallido, tan violento que me sentí obligado a
incorporarme en la cama...
Y una voz cuya procedencia no podía precisar... una voz ar-
moniosa, suave, muy suave, como un susurro del alma, pero
enérgica a la vez, se dejó oír: '¡Hombre, conócete a ti mismo!'.
Pensar, sentir y actuar equilibradamente. Jaime Galté

Tyger! Tyger! burning bright In the forests of the night, What
immortal hand or eye Could frame thy fearful symmetry?[1]. *The
Tyger*[2]. William Blake.

La humanidad terrestre, actualmente, es como un gran organismo colectivo, cuyas células, las personalidades humanas,
se envuelven en el desequilibro entre sí, en proceso mundial
de reajuste y de redención[3].

Agradecemos a la familia de Jaime Galté por su apoyo, en
especial a Francisco Gamboa.

---

[1]   *The Tyger* is a poem by the English poet William Blake published in 1794.
[2]   Se mantiene ortografía del original.
[3]   Cándido Xavier, Francisco, Los mensajeros espirituales, Séptima Edición, Buenos Aires,
Kier, 2004, 34 p.

Prólogo
Galte, el Maestro Espiritual más allá del tiempo

La personalidad y las facultades que Jaime Galté tenía eran extraordinarias, desconocidas y dignas de asombro, que sólo un hombre excepcional podía poseerlas.

Los sostenedores de la doctrina de la reencarnación, expresan que todo individuo está predestinado a vivir muchas vidas, en un camino de continua perfección, que en cada vida van experimentando etapas o experiencias que lo determinan a superar metas o situaciones vivenciales favorables o negativas, que constituyen lo que ellos denominan el "Karma".

En este devenir continuo de experiencias en cada vida, que constituye el camino largo y pedregoso que hay recorrer en el trayecto hacia el Padre Celestial, Dios Todopoderoso –o Gran Arquitecto del Universo como nosotros lo llamamos–, hay seres que logran un mayor avance que otros, que se van transformando en guías o maestros de aquellos que vienen en etapas más atrasadas en este crecimiento espiritual. Es por ello, que en el caso de don Jaime, no es posible considerar que sus facultades hayan sido adquiridas sólo en esta vida, dado el alcance y lo extraordinario que eran, que para los estudiosos y creyentes en estos conocimientos, concluyen que se requieren muchas vidas, haber superado muchas etapas, cumplido muchas misiones y quehaceres en bien del prójimo, que le habrían permitido ir purificando su alma e ir alcanzando niveles de orden superior.

Todos los que conocieron en profundidad a este maestro espiritual, decían que aparentemente era un poco distante y no tan extrovertido. Encontraban en él una gran humildad, una sencillez a toda prueba y una bondad digna de ser imitada. Era tan alto su desarrollo espiritual, que reunió en él facultades excepcionales, tales como: –canalización de espíritus desencarnados que habiendo traspasado el umbral de esta existencia, todavía mantenían la inquietud de ayudar a los seres de este mundo, como era el caso del Dr. Halfanne; –capacidad de visualizar a estos espíritus que se le manifestaban desde una dimensión más sutil; –utilizando a voluntad su periespíritu; trasladarse[4] de un lugar a otro y penetrar la materialidad sin problema, pudiendo

---

[4]   "Fluído semimaterial que sirve de lazo entre el alma y el cuerpo físico, es llamado también cuerpo causal o astral". Francisco Martínez Meller, Mecanismo de la Mediumnidad, Revista Occidente, N°45, octubre, 2015, 47p

ubicar a un enfermo en el espacio de una ciudad con datos superficiales de su dirección domiciliaria; –materializarse ante una persona enferma para examinarla como médico y luego desaparecer, infundiendo en su entorno mucha paz y tranquilidad, sin transmitir ningún temor al visitado y, –vaticinar acontecimientos a distancia o que ocurrirían en el futuro, como sucedió en el caso del vapor Itata y el terremoto de Chillán, etc.

Junto a las facultades anteriormente señaladas, también tuvo la capacidad de dejar enseñanzas, canalizando a otro maestro espiritual ya desencarnado, como era Mr. Lowe, a través de los libros *Ante el Umbral* y *En el Umbral*, y en *El Escarabajo Sagrado*, además de sus reflexiones en su escrito de *Pensar, sentir y actuar equilibradamente*.

Pero para tratar de conocer a cabalidad quien era este ser humano desconcertante y poco común en su actuar, tenemos que adentrarnos imaginariamente en la dimensión a la que él tenía acceso; es un plano, en que el tiempo no tiene cabida, en que el pasado, presente y futuro parecen coexistir, espacio-tiempos desconocidos para nosotros. Para comprender y encontrar la respuesta al porqué de esos poderes y facultades, tenemos que aceptar con la prudencia y apertura de mente necesaria lo que a continuación señalaremos : en efecto, en el manuscrito –recibido mediante canalización del maestro Mr. Lowe titulado *El Escarabajo Sagrado*, en ese escrito se dice: "–para los creyentes de la doctrina de la reencarnación y de la preexistencia de vidas pasadas, –que don Jaime era la reencarnación de Theot, un Sumo Sacerdote de la Dinastía del Faraón Amenhotep IV del Antiguo Egipto, el que después de milenios apareció en el siglo XVIII, en la persona de Louis Claude de San Martin, fundador del Martinismo, para posteriormente reencarnarse y nacer en la persona de don Jaime Galté.

Dejamos a vuestra consideración personal la aceptación de esta afirmación.

No obstante, hay más antecedentes que avalan la calidad espiritual que tenía este ser tan especial que estuvo entre nosotros, –un tiempo no tan largo–, pero que dejó profundas huellas de sus enseñanzas.

Es así, que en los últimos momentos cuando estaba próximo a fallecer, –estando su hija Sonia a su lado en el lecho de enfermo–, escuchó salir de los labios de don Jaime, una voz fuerte que decía: "*Se acerca la hora señalada. Los maestros preparan el camino para este ser espiritual que ha sabido cumplir con amor y caridad su sublime misión en este mundo de las formas, dejando una estela de fe y esperanza…. Y así como después de la tempestad se abre el horizonte y nos deja ver el sol resplandeciente, así este cuerpo liberará su espíritu para ver la luz divina*". Mensajes que sin duda, sólo, espíritus muy evolucionados pueden dar señas en su entorno que su presencia irradiaba luces que no podían pasar desapercibidas.

Por otra parte, reafirmando esta misión que los grandes maestros o altas jerarquías espirituales, le habían encomendado no sólo en esta vida, sino en sus anteriores encarnaciones, se menciona un hecho que su hija Sonia le comentó a su hijo Francisco, y que se refería a que habiendo fallecido ya don Jaime, se contactaban con él en sesiones espiritas a través de otro médium, y en una de las últimas veces que hicieron contacto con él –en esa oportunidad–, "les señaló que esa era la última vez que estaría con ella, pues, "le habían encomendado otras misiones que estaban en otros planos y que por ello le sería difícil volver".

Para nuestro consuelo, en algo deberían satisfacer estas explicaciones y muestras de tan alta espiritualidad que detentaba este maestro en el sentido más amplio de la palabra. Podemos decir fue un adelantado para su época, promotor de la formación de varias instituciones orientadas al desarrollo del espíritu, como fueron la Sociedad Chilena de Parasicología, fundador de varias Logias de la Masonería chilena, en la parte simbólica y en el escocesismo, al igual que en el movimiento Martinista, en donde se formó el Circulo Martinista Jaime Galté, como también se le dio su nombre a una Gran Logia Martinista.

Que más le podíamos exigir que nos legara, cuando a sabiendas de él mismo, estaba consciente que cada sesión le iba restando energía y debilitando su cuerpo, en una entrega desinteresada en favor del prójimo.

Por lo expresado anteriormente, el Grupo de Estudios Jaime Galté, estimaba que su legado no podía quedar en el olvido. Y en esas coincidencias del destino, tomamos conocimiento de que el periodista Sergio Salinas estaba redactando un libro sobre la vida de este insigne maestro; esto nos motivó a tomar contacto con él, para juntos preparar una memoria en su nombre, y es así que entramos a colaborar en este libro desde el punto de vista de la producción, con aportes de diversa consideración, a objeto de llevar a cabo este trabajo que ahora esta ante ustedes.

"Grupo de Estudios Jaime Galté"[5]

---

[5] Sus integrantes son miembros de la Logia Cóndor N° 9 de la Gran Logia Masónica de Santiago de Chile.

Introducción

En Ciencias Sociales e Historia existen numerosos temas polémicos que no han sido analizados rigurosamente e incluso podemos sostener que tratan de ser evitados por los llamados estudios académicos. Así también le sucedió en política a los mitos y a la violencia durante varias décadas del Siglo XX e inicio del XXI.

Sin embargo, en los últimos años han aparecido varios excelentes libros, artículos académicos e incluso un proyecto FONDECYT sobre uno de estos temas polémicos pero que nos permite conocernos más como chilenos: la relación de lo considerado mágico o metafísico y la política pragmática. Entre estos libros destacan los de Rafael Sagredo y Cristián Gazmuri, *Historia de la vida privada en Chile. El Chile moderno de 1840 a 1925* (2005) y Manuel Vicuña, *Voces de Ultratumba. Historia del Espiritismo en Chile*, Santiago, Taurus (2006). Los artículos académicos de Yerko Muñoz, *¡Vuelven los muertos!: espiritismo y espiritistas en Chile (1880-1920)* (2012) y Catalina Uribe Echeverría, *El cuerpo presente de Jaime Galté Carré: entre el positivismo y la voz de los muertos* (2010). Y el proyecto FONDECYT (2004), El espiritismo en Chile cuyo investigador responsable fue Manuel Vicuña.

Es por estas razones que en este nuevo libro se decidió acometer el desafío de escribir sobre este tema controversial pero que es parte importante de la historia y memoria chilena, todo lo cual se sintetiza en la vida de un hombre singular: Jaime Galté Carré. Como se ha señalado en otros escritos: el pasado nos permite comprender nuestro presente pero también soñar un futuro mejor para todos.

Como objetivo general de este libro se pretende cumplir los ritos de la formalidad académica, revisar en la vida de Jaime Galté una práctica ancestral que en la modernidad fue atacada por la Iglesia Católica y desde el campo científico y el positivismo, escondida y mal mirada: el espiritismo que forma parte de la parapsicología[6].

Jaime Galté Carré, uno de los desconocidos más famosos de la historia de Chile[7], el primero de noviembre de 2015 cumplió 50 años de su muerte pero siguque,en una cultura tan bélica como la chilena, que tienen el honor de tener una calle con su nombre. En este caso Jaime Galté tiene una pequeña calle con su nombre en la Villa Héroes de Iquique en la comuna de Maipú.

Como afirman, la mayoría de las personas que han escrito sobre él, Galté fue un "hombre extraordinario". En su vida hay tres líneas gruesas de desarrollo y en cada una escribió libros, en cada una fundó organizaciones, en cada una fue sobresaliente. Pero además su amor al prójimo no tuvo precio, es decir jamás cobró dinero por ayudar a los demás. De cierta manera, podemos aseverar que en la vida de Galté se encarnan dos personas que sintetizan lo mejor de la ciencia (Dr. Halfanne) y lo mejor de la religión (Mr. Lowe). Pero la propia vida de Galté es una síntesis de lo mejor de ambos mundos concordando en un principio básico de vida: el humanismo..

Su hija Sonia afirmó, en un artículo de 1984: "Si mi padre hubiera vivido en otra época lo habrían quemado en una hoguera"[8]. Luego, en un programa de televisión, contó que: "mi papá era una persona intelectual. Más bien: ver para creer y lo que la ciencia dice"[9]. Estas creencias se mantuvieron hasta que tuvo sus primeras manifestaciones paranormales. Era un Paragnosta[10]..

---

[6] La Parapsicología es la puesta en evidencia y el estudio experimental de las funciones psíquicas todavía no añadidas al sistema de la psicología científica, con vistas a su incorporación en dicho sistema. De hecho, la parapsicología corresponde, a "grosso modo", a la Metapsíquica de Charles Richet. (E.I.S.). En Parapsicología los fenómenos "paranormales" se designan generalmente por la letra griega psi. Los fenómenos psi se subdividen en fenómenos psi-gamma (fenómenos mentales, subjetivos) y fenómenos psi-kappa (fenómenos físicos, psicoquinesis (PK). Centro Barcelonès de Cultura Espirita, Espiritismo y Parapsicología, Flama Espirita. 103-Enero/Marzo 2002 y Flama Espirita 104-Abril/Junio 2002: http://www.cbce.info/web/index.php/articulos-josep-casanovas/135-espiritismo-y-parapsicologia

[7] Una masiva actividad recordó la vida de Jaime Galté el 13 de noviembre de 2014. Gran Logia de Chile, Una jornada mágica con el influjo de Galté, 13 de noviembre de 2014: http://www.granlogia.cl/index.php/noticias/1412-una-jornada-magica-con-el-influjo-de-galte

[8] Liliana Mahn, Jaime Galté: Mensajero del más Allá, Revista Clan, N° 21, 1984, 60p.

[9] Entrevista a Silvia Galté, Silvio Caiozzi, "Historia de un médium", TVN, programa ¿Y si fuera cierto?, 1995: https://www.youtube.com/watch?v=17gu_lv-pTo

[10] Se refiere a una persona sensitiva y que posee una inhabitual capacidad para la percepción extrasensorial. http://mitologia.glosario.net/parapsicologia/paragnosta-9563.html. El diccionario Babylon dice: Español-Parapsicologia: Se conocen con este nombre los sujetos dotados de una inhabitual capacidad para la percepción extrasensorial (ESP). Los espiritistas suelen llamarlos médiums. No han podido aislarse con certeza rasgos de carácter

Aníbal Ramírez, que presidió la Comisión de Hipnosis, recuerda con afecto a Galté:

> Era un ser de grandes cualidades humanas, y que nunca se negaba a prestarle ayuda a nadie. Y, por supuesto, desinteresadamente. A través del trance conseguía diagnósticos sorprendentes, y prescribía remedios que no habían salido a la venta de los laboratorios europeos[11].

El periodista Carlos Cisterna sostiene que Galté fue "considerado uno de los referentes entre los intermediarios de este mundo y el de los espíritus, es una trascendente figura en materia de fenómenos paranormales y uno de los fundadores de la Sociedad Chilena de Parasicología"[12].

El Doctor en Endocrinología, Jorge Vigouroux, afirma que era un tipo especialmente dotado distinto a los demás[13]. Rolando Urrutia, Doctor en Economía, sostiene que Jaime Galté "parece que estaba tocado por algo especial y que lo hizo resaltar dentro de su grupo humano"[14].

El escritor Roberto Merino en su libro *Horas Perdidas en Las Calles de Santiago*, tiene un subcapítulo titulado *Jaime Galté abogado y médium. Una sombra del más allá*[15], en que cuenta algunas de las experiencias paranormales como lo sucedido con el barco Itata y algunas curaciones, las que veremos más adelante. Por otro lado, el también escritor Carlos Droguett lo califica como "ser extraordinario" en sus crónicas *Escrito en el aire*[16]. Jorge Baradit en su libro *Historia Secreta de Chile*, señala que Ricardo Prat llevó al grupo espiritista "al que se transformará quizás en el más importante médium chileno de la historia, Jaime Galté, responsable de diagnosticar exitosamente a miles de chilenos"[17].

---

psicosomático que permitan identificarles con precisión, aunque algunos presentan un marcado cuadro de carácter histeroide. Es frecuente encontrarlas entre los sonámbulos nocturnos. http://diccionario.babylon.com/paragnosta_-_paragnomo/

[11] H. M. C., Los límites de lo oculto, revista Ercilla, 12 de noviembre, 1974, Santiago, 16p.

[12] Carlos Cisternas, La gran interrogante de los fenómenos paranormales: misterios por resolver, *El Mercurio de Valparaíso,* 25 de marzo de 2007: http://www.mercuriovalpo.cl/prontus4_noticias/site/artic/20070325/pags/20070325004149.html

[13] Entrevista con Jorge Vigouroux, Silvio Caiozzi, "Historia de un médium", TVN, programa ¿Y si fuera cierto?, 1995.

[14] Entrevista con Rolando Urrutia, Silvio Caiozzi, "Historia de un médium", TVN, programa ¿Y si fuera cierto?, 1995.

[15] Roberto Merino, *Horas Perdidas en Las Calles de Santiago*, Santiago, Editorial Sudamericana, 2000.

[16] Carlos Droguett, *Escrito en el aire*, Valparaíso, Ediciones Universitarias de Valparaíso, 1972.

[17] Jorge Baradit, Historia secreta de Chile, Santiago, Penguin Random House Grupo Editorial, 2015, 22p.

Óscar Fonck en *Kahunas. Los Poseedores del Secreto* (1975), desarrolló el estudio de la misteriosa secta sacerdotal de Hawaii, los Kahuna, descendientes de un antiguo grupo proveniente de Noráfrica, junto a otras interesantes expresiones del conocimiento, como la Radiestesia, las facultades de la autosugestión, el Inconsciente Colectivo de Carl Gustav Jung, el Yoga y Hatha Yoga, las extraordinarias actividades de Paramahansa Yogananda y las experiencias del médium Jaime Galté, entre otros notables temas, promoviendo la recuperación de cualidades perdidas en el Hombre actual: "Creo sinceramente que las fuerzas mentales son las que van plasmando nuestro futuro, y no sólo el nuestro, sino que también en cierto sentido el de nuestros semejantes"[18].

Por otro lado, el sicólogo Arturo Piga Dacchena en su libro *La Parasicología un enigma*, agradece al doctor Francisco Donoso "por su valiosa información atinente a la facultad terapéutica de Jaime Galté, el prestigioso abogado en quien concurrían la maravillosa condición mediumnímica, una cultura extraordinaria y generosidad increíble"[19].

Miguel Serrano[20], luego de conversaciones con Pauwels y Bergier[21], lo considera un "Mutante":

> Personajes que nacen adelantados a su tiempo con uno o más órganos psíquicos que el resto de la Humanidad. En la evolución ellos se anticipan en siglos. Sirven tal vez, de algún misterioso modo, al avance del conjunto. A lo mejor ellos pertenecen a una Humanidad diferente. También es posible que haya más de una humanidad[22].

[18] Fonck Sieveking, Óscar, *Kahunas. Los Poseedores del Secreto,* Santiago, Zig-Zag, 1975, 15p.

[19] Piga, Arturo, *La Parasicología un enigma,* Santiago, Nacimiento, 1976, 11p.

[20] Diplomático y escritor. Es quizá uno de los chilenos más polémicos del siglo XX. Transitó políticamente desde la adhesión al Partido Comunista, incluso su tío Vicente Huidobro le ofreció ir a combatir a la Guerra Civil española, hasta llegar al nacionalsocialismo, convirtiéndose en uno de sus ideólogos en Chile. Véase http://www.memoriachilena.cl/602/w3-article-3614.html

[21] Louis Pauwels y Jacques Bergier, *Le Matin des Magiciens,* 1961. La primera traducción al español *El retorno de los brujos* es de 1968.

[22] Miguel Serrano, Jaime Galté, "mutante" chileno, El Mercurio, sábado 30 de octubre, 1965. Véase Miguel Serrano, Memorias de Él y Yo, Aparición del "Yo"-Alejamiento de "Él", Santiago de Chile, Ediciones de La Nueva Edad. Año 107, Vol. 1, 1996. También en Martinismo, Reseña Biográfica de Jaime Galté Carré: http://martinismo.weebly.com/biografiacutea-jaime-galteacute.html.

La expansión de la parapsicología

En 1893, en San Petersburgo, Rusia, se publicó el libro *Animismo y Espiritismo* de Alexandr Nikoláievich Aksakov[23]. Posteriormente se analizaron diversos casos de *Poltergeit* [24] y fenómenos espontáneos de médium[25]. Luego del triunfo de la revolución rusa, los estudios sobre esta temática continuaron.

En 1920, V. Bekhterev comenzó a estudiar la percepción extrasensorial. Junto con el entrenador de perros, V.L. Dúrov estudió el efecto de la sugestión en la distancia en un grupo de animales entrenados. En 1928, L.L. Vasilyev, viajó en misión científica a Alemania y Francia para debatir sobre los trabajo de la metapsicología en el Instituto Internacional de Berlín y el Instituto Internacional de Metapsíquica de Francia. De esta manera, se establecieron contactos entre destacados parapsicólogos extranjeros. En 1968, se realizó el Encuentro Internacional de Parapsicólogos en Moscú.

En Occidente, la situación fue similar: En 1882, en Inglaterra, se fundó la Sociedad para la Investigación Psíquica. En 1884, se creó la *Society for Psychical Research* (S.P.R.). Ambas instituciones realizaron innumerables investigaciones sobre los fenómenos paranormales. En 1918, en París, surgió el Instituto Internacional de Metapsíquica. En Estados Unidos, Joseph Banks Rhine y su esposa Louisa Rhine, empezaron a iniciarse en la Metapsíquica cuando todavía eran estudiantes en Chicago. En 1925 obtuvieron ambos el grado de Bachiller en Ciencias, y luego el de Doctor. A partir de 1927, em-

---

[23] En Europa, Aksakov se hizo conocido por su estudio de la mediumnidad con la británica Mme. D'Esperance, a quien luego elogió como una persona honesta, sincera y de un talento misterioso. Investigó también a la médium Eusapia Paladino. Juan Miguel Fernández, científicos espíritas del Siglo XIX, Revista Espírita de la Federación Espírita Española, N°5, marzo, 2013, 13p.: http://www.espiritismo.cc/Descargas/Revistas/RevistaFEE5.pdf

[24] Doctrina que atribuye ciertos fenómenos "paranormales" a la acción de un espíritu, es decir, de un alma desencarnada. "Según el Espiritismo, la inteligencia humana no desaparece después de la muerte. Continúa evolucionando en un medio que no está condicionado por el espacio y el tiempo, y puede manifestarse a los vivos por mediación de los "médiums". (E.I.S.). En esta definición sobre "Espiritismo", se omite referencia a la reencarnación; cuestión fundamental en el Espiritismo latinoamericano, pero que, en general, no es aceptada por el "New Spiritualism anglosajón". (Flama Espirita). Médium.- "Persona dotada de facultades paranormales que le permiten especialmente, según los espiritistas, comunicar con el "más allá". Este término (médium), muchas veces impropio en "metapsíquica" y en "parapsicología", tiende a ser reemplazado por el de "sujeto" o "sensitivo" (E.I.S.). Centro Barcelonès de Cultura Espirita, Espiritismo y Parapsicología, *op. cit.*

[25] La Real Academia Española define médium como: Persona a la que se considera dotada de facultades paranormales que le permiten actuar de mediadora en la consecución de fenómenos parapsicológicos o de hipotéticas comunicaciones con los espíritus. http://lema.rae.es/drae/?val=medium

prendieron experimentos sistemáticos de telepatía y clarividencia. En 1935 fue fundado el Laboratorio Parapsicológico de la Universidad de Duke. Cinco años antes, en 1930, el sicólogo norteamericano, William McDougall se trasladó, junto con sus investigaciones, desde la Universidad de Harvard a la de Duke en Durham. En 1937, con la ayuda y bajo el patrocinio del profesor Dougall, Rhine lanzó el *Journal de Parapsychologie*, del que fue uno de los directores hasta 1958.

Año I. Barcelona 1 Julio de 1903. Núm. 1

LA EVOLUCIÓN

Revista mensual de Espiritismo Progresivo.

DIRECTOR: MANUEL NAVARRO MURILLO

Redactor-jefe: Eduardo Estapá — — Administradora: Matilde Navarro

SECRETARIO: AGUSTIN BRUNET.

SUMARIO DEL NÚM. 1.°

<table>
<tr><td>Esperanza, poesía.</td><td>pág. 1</td><td>Contestación.</td><td>pág. 11</td></tr>
<tr><td>Saludo fraternal.</td><td>» 3</td><td>Reunión Espíritista Cubana</td><td>» 14</td></tr>
<tr><td>Propósitos de La Evolución</td><td>» 4</td><td>Intereses del alma.</td><td>» 15</td></tr>
<tr><td>Resurección.</td><td>» 6</td><td>Crónica.</td><td>» 16</td></tr>
<tr><td>Conócete á ti mismo.</td><td>» 8</td><td>Menudencias.</td><td>» 16</td></tr>
<tr><td>Epístola.</td><td>» 9</td><td></td><td></td></tr>
</table>

IMPRENTA DE PEDRO TOLL

CALLE DE VALENCIA, NÚM. 200, (INTERIOR)

— BARCELONA —

Revista La Evolución de Barcelona

En la revista *Ercilla* se afirma que: en Chile, también la Universidad "tiene un laboratorio de Parapsicología y hace siete años la Doctora Gita Elgin obtuvo el Doctorado en sicología con una memoria basada en sus investigaciones parapsicológicas"[26].

Pero volvamos a la polémica, como sostiene, en un trabajo de investigación histórico, Yerko Muñoz, la construcción del conocimiento ha sido un permanente espacio de confrontaciones en lo que respecta a las Ciencias Sociales. No obstante, bajo otras estampas y bajo otras formaciones históricas, la disputa puede rastrear sus cimientos en la imagen de una más que centenaria tradición de conflictos entre las posibilidades de responder a la pregunta epistemológica matriz de ¿qué es conocer? Se pregunta:

> ¿Se trata de la facultad humana de ofrecer una *explicación* de aquello que acontece o se tratará, más bien, de posibilitar una *comprensión* de cómo se concatena el mundo fenoménico? ¿Pueden establecerse, conforme avance el conocimiento, leyes o sistemas predictivos que aseguren la reiteración de un acontecimiento o un proceso?[27].

El historiador afirma que el problema al cual se conducen estas preguntas es aquel que se suscitara entre dos modalidades del conocimiento humano que, hacia el siglo XIX, se encontraron en un choque de racionalidades en torno a la cuestión de cómo construir el conocimiento.

> Dos modelos de ciencias que, en algunos enrevesados pasajes, confundieron –o, más bien, fueron llevados a confusión– sus pretensiones, finalidades y modalidades de acción difuminando la posibilidad de conseguir un conocimiento de tipo veraz y confiable a partir de las investigaciones de la otra. Para decirlo abiertamente: bosquejo una mirada a la confrontación entre las ciencias naturales y las llamadas ciencias del espíritu (*Geisteswissenschaften*)[28].

En medio de este debate, hacia mediados del siglo XX apareció en Estados Unidos una expresión moderna de una práctica antiquísima llevada adelante por las hermanas Fox: los contactos mediúmnicos.

---

[26] H. M. C., Los límites de lo oculto, *op. cit.*, 16p.

[27] Yerko Muñoz, ¡Vuelven los muertos!: espiritismo y espiritistas en Chile (1880-1920), Informe de Seminario de Grado para optar al grado de Licenciado en Historia, Departamento de Ciencias históricas Facultad de Filosofía y Humanidades, Universidad de Chile, 2012, 20p.: http://www.captura.uchile.cl/handle/2250/131501

[28] *Ibid.* 20p.

En diciembre de 1847, Margaret Fox se había mudado con su esposo y sus dos hijas pequeñas, Kate y Maggie, desde Canadá a una casa de Hydesville, un pueblo del Estado de Nueva York. A mediados de marzo, ella y su marido empezaron a escuchar extraños ruidos que sólo se oían cuando las niñas estaban en la casa y que en la noche del día 30 llegaron a ser insoportables. A la noche siguiente, el fenómeno se repitió y las niñas intentaron interactuar con lo que fuera que lo ocasionaba.

> Señor Splitfoot (nombre dado al Diablo en algunas zonas de Nueva Inglaterra), haz lo que hago", pidió Kate, de 11 años, mientras daba tres palmadas. Como respuesta, sonaron tres golpes. "Ahora, haz lo que hago yo", dijo Maggie, de 14 años, contando hasta cuatro al tiempo que daba otras tantas palmadas. Se escucharon cuatro golpes. Pasado el susto, la madre preguntó al ente las edades de sus hijas y, tras recibir las respuestas correctas, se interesó por la naturaleza de su interlocutor. "¿Eres un espíritu? Si lo eres, da dos golpes". Lo era[29].

En la Academia de Música de Nueva York, el 21 de octubre de 1888. Maggie Fox confesó, ante un auditorio repleto, que todo era un fraude. "Queríamos aterrorizar a nuestra querida madre, que era una mujer muy buena y muy impresionable"[30]. Las niñas llegaron a actuar en la Casa Blanca y ante la reina Victoria, en Londres, antes de caer en descrédito. Y la confesión de su engaño no desalentó a los fieles del espiritismo, que en 1897 eran 8 millones en Estados Unidos[31].

Yerko Muñoz afirma que:

> Luego de esto, una oleada de "mesas parlantes" y "objetos movedizos"[32] sacudiría los círculos de opinión norteamericanos para difundirse, con un ímpetu notable, por los países de la Europa occidental, en

---

[29] Luis Alfonso Gámez, "Sí eres un espíritu, das dos golpes": http://magonia.com/2008/07/23/si-eres-espiritu-da-dos-golpes/

[30] *Ibid.*

[31] Libros críticos de esta práctica son Miguel Ángel Sabadell, *Hablando con fantasmas* y José Comas Solá, *El espiritismo ante la ciencia*. En el primer libro, muy bien documentado, entrega desde el nacimiento del espiritismo hasta aproximadamente la Segunda Guerra Mundial. Desfilan por sus páginas médiums como Daniel Home, Florence Cook, Henry Slade, Eusapia Paladino y Helena Petrovna Blavatsky. Y, además de los propios investigadores espiritistas, científicos como William Crookes, Alfred Rusell Wallace, Charles Richet y Camille Flammarion. Véase Eduardo Zotes Sarmiento, Espíritus en el banquillo, El Escéptico, otoño, 2009: https://www.escepticos.es/repositorio/elesceptico/articulos_pdf/ee_06/ee_06_espiritus_en_el_banquillo.pdf

[32] Véase Ángel González de Pablo, Sobre los inicios del espiritismo en España: la epidemia psíquica de las mesas giratorias de 1853 en la prensa médica, Asclepio. Revista de Historia de la Medicina y de la Ciencia, vol. LVIII, N° 2, julio-diciembre, 2006.

donde hallaría notables sistematizadores que contribuirán a la formación de lo que se conocerá como *espiritismo moderno*. Fundamental en este punto será la obra de Allan Kardec[33][34].

Yerko Muñoz agrega que el *espiritismo moderno,* como comenzaría a ser llamado, es posicionado por Kardec:

> En un complejo espacio destinado a interactuar con la filosofía, la moral y algunos puntos del ideario positivista que se extendía profusamente por la época. De este modo, sin ni siquiera aludir a una categoría de índole religiosa, Allan Kardec vendría a situar la práctica del espiritismo en un ámbito más sensible al diálogo científico que al de la fe o, por aludir a una conexión semántica difusa, la misma espiritualidad, en un sentido esperable del término.

[33] Hippolyte Léon Denizard Rivail, conocido bajo el seudónimo de Allan Kardec, nació en Lyon, Francia, en 1804. Estudio en el Instituto Yverdon en Suiza, fundado y dirigido por J. H. Pestalozzi (1746-1827), el hombre que logró revolucionar la educación europea. Pero en 1848, en los Estados Unidos, habían sucedido unos hechos que iban a cambiar toda la filosofía de Rivail y a influenciar la de millones de otras personas. En el hogar de la familia Fox, en Hydesville, Nueva York, las mesas se movían solas y se oían misteriosos golpecitos, que aparentemente provenían de los "espíritus" de los muertos. Esto significó el surgimiento del movimiento espiritualista, que iba a hacer furor en París, así como en otras ciudades europeas. El año siguiente, publicó más de 500 preguntas, respuestas y comentarios personales bajo el título de *Le livre des esprits* (*El libro de los espíritus*), que revisó y aumentó tres años más tarde. Se publicó bajo el nombre de Allan Kardec, un nombre tomado de la ascendencia bretona de Rivail, y que al parecer fue elegido por los propios espíritus. Así, Rivail se convirtió en Kardec, y cuando murió en 1869 había escrito o, como él prefería decir, había "compilado y ordenado", cinco libros y dos monografías, insistiendo en que el contenido principal no provenía de su trabajo, sino del de numerosos espíritus "avanzados" que se comunicaban a través de diferentes médiums. Sus obras principales fueron: *El libro de los espíritus* (1857 y 1860), *El libro de los médiums* (1861), *El Evangelio según el espiritismo* (1864) –publicado en España en 1978–, *Cielo e infierno* (1865) y *Génesis* (1867). También fundó, editó y escribió gran parte de la revista Revue Spirite, hasta su muerte en 1869. A pesar de su fe inconmovible en la comunicación con los espíritus de los muertos, la filosofía de Kardec no formaba parte de la corriente espiritualista sino que era, según sus palabras, espiritista. La diferencia era crucial para los seguidores de ambas filosofías, y les condujo por caminos muy distintos. Véase http://www.mundoparanormal.com/docs/fantasmas/allan_kardec_en_busca_espiritus.html

[34] Yerko Muñoz, ¡Vuelven los muertos!: espiritismo y espiritistas en Chile, *op. cit.* 11p.

LA VOZ DE LOS MUERTOS N.º 9

Hoja Espiritista

DIRECCIÓN Y REDACCIÓN: AV. VIEL 1168.—SANTIAGO

PREVENCION.—"La Voz de los Muertos,, no tiene día ni época fija, para salir á luz, se publicará todas las veces que los medios y las circunstancias lo permitan, posiblemente una vez al mes.

Los que se interesen en su lectura, y deseen recibirla puntualmente, no tienen más que dirigirse á esta redacción y se las enviará sin desembolso alguno.

ALLÁN KARDEC

Allán Kardec, como la mayor parte de los hombres de ciencia, que han experimentado los hechos, fué escéptico en principio y dudó de la realidad de los fenómenos espiritistas; pero convencido luego de su evidencia, vió en ellos toda esa sublime filosofía que encierra y se dedicó con alma y vida á estudiarlos, siendo desde entonces hasta su muerte, acaecida en 31 de Marzo de 1869, su principal apóstol en Europa.

¡ARRIBA EL ESPÍRITU!

Revista chilena *La Voz de los muertos.* Archivo Hemeroteca Biblioteca Nacional.

En palabras de Allan Kardec, el espiritismo:

> Es una ciencia que acaba de nacer y en la cual hay mucho que apren-
> der aún (...) se relaciona con todas las ramas de la filosofía, de la
> metafísica, de la psicología y de la moral (...) Añadimos que el espi-
> ritismo ilustrado, como el de hoy, tiende, por el contrario, a destruir
> las ideas supersticiosas, porque demuestra la verdad o la falsedad de
> las creencias populares, y todos los absurdos que la ignorancia y los
> prejuicios han mezclado con las mismas[35].

En la *Revista Chilena*, dirigida por Miguel Luis Amunátegui y Diego Barros
Arana, se afirma que:

> El espiritismo, según Allan Kardec, comprende dos partes distin-
> tas una que se refiere a las manifestaciones en jeneral[36] i otra a las
> manifestaciones inteligentes: la primera no es otra cosa que el arte
> operatorio; la segunda contiene la filosofía de la doctrina, o lo que es
> lo mismo, los principios revelados por los espíritus[37].

El espiritismo moderno se esparció rápidamente también hacia América
Latina, naciendo diversos centros espiritas, publicaciones y debates públi-
cos en torno a la década de 1860. La respuesta desde la Iglesia Católica no
se hizo esperar y Pío IX realizó una enérgica proscripción de esta práctica[38].

Como afirman Pauwels y Bergier, en las postrimerías del siglo XIX se representa, en el campo del conocimiento puro, un drama grande y palpitante:
una súbita borrachera se desliza en el diálogo entre materialismo y espiritualismo, ciencia y religión.

> Del lado de los sabios, herederos del positivismo de Taine y de
> Renán, ciertos descubrimientos formidables hacen que se derrum-
> ben las murallas de la incredulidad. No se creía más que en las
> realidades debidamente comprobadas: bruscamente, lo irreal se hace
> posible. Obsérvenlo como si se tratara de una intriga romántica con
> presentación de personajes, intervención de los traidores, pasiones
> contrariadas y debates·entre las ilusiones[39].

---

³⁵ Allan Kardec, *¿Qué es el espiritismo?*, Buenos Aires, Editorial Kier, 2002, 8p., en Yerko
Muñoz, ¡Vuelven los muertos!: espiritismo y espiritistas en Chile, *op. cit.*, 37p.

³⁶ Se mantiene ortografía del original.

³⁷ Eulojio Carrasco, El espiritismo, Revista Chilena, Tomo II, Santiago, 1875, 5p.: http://www.
memoriachilena.cl/602/w3-article-84265.html

³⁸ Véase las encíclicas *Quanta Cura* y el famoso *Syllabus* de Pío IX.

³⁹ Louis Pauwels y Jacques Bergier, *El retorno de los brujos*, Barcelona, Plaza & Janes, 1968.

Como afirman los autores del libro *El retorno de los brujos*, los avances científicos generan múltiples nuevas preguntas:

> En la naturaleza se produce la transmutación de los elementos: el radio se convierte en helio y plomo. El Templo de la Certidumbre se hunde. ¡El mundo ya no sigue el juego de la razón! ¿Será todo posible? De un solo golpe, los que saben, o creían saber, dejan de separar lo físico de lo metafísico, lo comprobado y lo soñado. Los pilares del Templo se esfuman, los sacerdotes de Descartes se vuelven locos. Si el principio de la conservación de la energía es falso, ¿qué impide que el médium fabrique un ectoplasma partiendo de la nada? Si las ondas magnéticas atraviesan la Tierra, ¿por qué no puede viajar un pensamiento? Si todos los cuerpos emiten fuerzas invisibles, ¿por qué no pueden emitir un cuerpo astral? Si existe una cuarta dimensión, ¿será ésta del dominio de los espíritus?.

El espiritismo, dentro de sus planteamientos principales, sostiene que los espíritus de los muertos continúan participando en la vida de aquellos que conocieron en el "mundo material", y esta influencia puede ser de carácter positivo o negativo dependiendo del progreso espiritual de esos espíritus. Como señala Mario Nuñez Molina:

> Es por esa razón que Kardec menciona tres grupos principales de espíritus: los espíritus de luz o puros, los espíritus buenos y los espíritus imperfectos o ignorantes. Los espíritus de luz y los espíritus buenos contribuyen al desarrollo personal del individuo y están orientados a realizar el bien. Los espíritus ignorantes tienen una influencia negativa en los seres humanos debido a que prefieren hacer el mal y disfrutan de crear situaciones problemáticas. Estos espíritus ignorantes pueden contribuir a que una persona sufra de un disturbio emocional o de una enfermedad física[40].

Mario Núñez Molina agrega que el espiritismo también sostiene que el ser humano necesita reencarnar para superar las limitaciones que posee. Una sola vida no es suficiente para librar al espíritu de sus imperfecciones y por lo tanto, es necesario vivir una serie de existencias por medio de las cuales vamos acercándonos a la perfección. Se reencarna tantas veces como lo necesite el espíritu. Nuestros conflictos y problemas del presente están profundamente determinados por nuestras acciones en vidas pasadas.

---

[40] Mario Núñez Molina, Sistemas Folclóricos de Ayuda, Universidad de Puerto Rico: http://www.uprm.edu/socialsciences/sfaenlinea/id60.htm

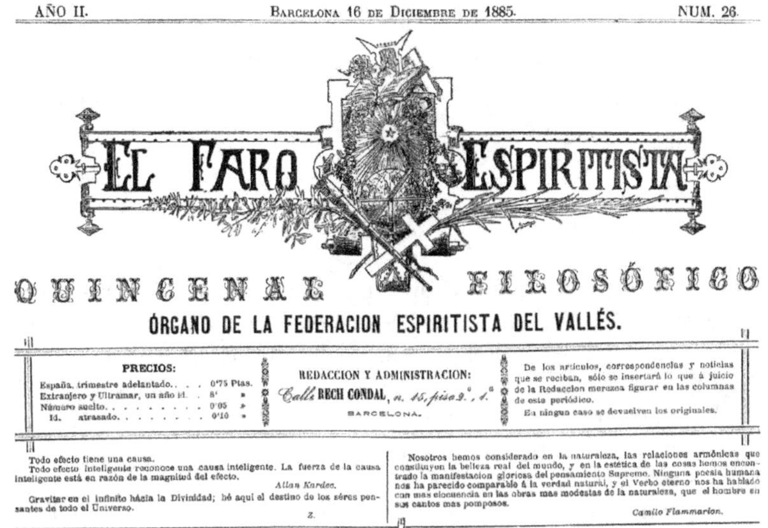

Revista El Faro Espiritista Del Vallés, España, 1885.

El espiritismo –sostiene Núñez Molina– no cree en la existencia independiente del diablo ni en el infierno, y considera que el mal es producto de las actividades de los espíritus ignorantes. En resumen, las principales creencias del espiritismo son las siguientes:

1. Una inteligencia superior, Dios
2. La reencarnación
3. Pluralidad de mundos
4. Comunicación de los espíritus encarnados con los espíritus desencarnados
5. Para el espiritismo Cristo es un espíritu de gran evolución.
6. El espíritu progresa y evoluciona por medio de las obras de caridad y el grado de amor que profese hacia los demás.

Los orígenes en Chile

Yerko Muñoz piensa que pese a que se acusaba a esta práctica de ser el reflejo de una mentalidad atrasada o supersticiosa igual logró concitar la atención del mundo de la ciencia, personeros de Estado o importantes instituciones educativas[41].

---

[41] Touraine sostiene que "la idea de modernidad, en su forma más ambiciosa, fue la afirmación que el hombre es lo que hace y que, por lo tanto, debe existir una correspondencia cada vez más estrecha entre la producción –cada vez más eficaz por la ciencia, la tecnología o la administración–, la organización de la sociedad mediante la ley y la vida personal, animada

Yerko Muñoz sostiene que:

> Para el caso chileno, Manuel Vicuña[42] fechará sólo hacia 1862 una primera traducción de un tratado espiritista y algunas conferencias relativas al tema ofrecidas en planteles educacionales como el Instituto Nacional durante el mismo período[43].

Yerko Muñoz señala que:

> El espiritismo en Chile presentó también reacciones particulares que creo pueden ayudar a entender más este arco de tiempo que se prolonga hasta 1925, con la disociación jurídica entre el Estado y la Iglesia. Existía, de esta forma, una serie de tensiones subterráneas, de las cuales el espiritismo formó parte y que ayudan a entender una dinámica de quiebres más generales.

Yerko Muñoz afirma que, en virtud del contexto reseñado: "la pregunta sobre el espiritismo en Chile es, al mismo tiempo, un problema que se interroga sobre la tónica de las prácticas y la conformación de los límites de *lo religioso*"[44].

Manuel Vicuña sostiene que en 1862 se habría producido una traducción castellana de una obra de Allan Kardec y hacia 1872 o 1873 se habría formado un primer centro espirita en Santiago de Chile[45].

La década de 1860 sería el umbral común —como sostiene Yerko Muñoz— en que:

> El germen del espiritismo comenzó a inocularse en las repúblicas latinoamericanas para despegar, con mayor decisión, en la década siguiente a través de la materialización de círculos de estudios, centros de ejercicio o, por lo menos, como fenómeno flotante o tema de opinión pública merecedor de un sitial en semanarios o auditorios de prestigio.

---

por el interés, pero también por la voluntad de liberarse de todas las coacciones. ¿En qué se basa esta correspondencia de una cultura científica, de una sociedad ordenada y de individuos libres si no es el triunfo de la *razón*? Sólo la razón establece una correspondencia entre la acción humana y el orden del mundo". Alain Touraine, *Crítica de la modernidad*, Fondo de Cultura Económica, México, 2000, 9p.

[42] Véase Manuel Vicuña, *Voces de Ultratumba. Historia del Espiritismo en Chile*, Editorial Taurus, Santiago, 2006.

[43] Yerko Muñoz, ¡Vuelven los muertos!: espiritismo y espiritistas en Chile, *op. cit.* 11p.

[44] *Ibid.* 12p.

[45] Manuel Vicuña, *Voces de Ultratumba. Historia del Espiritismo en Chile, op. cit.*, 37-38p.

Pero las prácticas espiritistas se ubicaron en una suerte de sitial intermedio que no lograría definir su adscripción ni a lo religioso ni a lo puramente científico. Como señaló el historiador Manuel Vicuña:

> Religión y ciencia aparecían entreveradas en el espiritismo, o, si se prefiere, atraídas a una relación simbiótica: la corroboración fáctica de antiguas hipótesis metafísicas prometía la consagración de la creencia ante el tribunal de la razón (…) Presentado como una vía intermedia entre religión y ciencia, el espiritismo alardea de conservar las virtudes de ambas sin padecer ninguno de sus vicios: ni el fanatismo ni el materialismo, dos formas de sectarismo epistemológico que, diferencias aparte, reclaman para sí el monopolio de la verdad, violentando las conciencias de los contemporáneos, sede de su lucha por la supremacía[46].

Como afirma Felipe Rodríguez Vértiz "si la modernidad fue el imperio del racionalismo y socavó las creencias religiosas, la posmodernidad trae consigo el retorno a lo religioso. Sin embargo, antes de abordar lo referente al retorno de lo religioso es necesario antes dar cuenta que también es el tiempo del retorno de los brujos"[47].

Manuel Vicuña sostiene que los padres fundadores del movimiento espiritista, ya en la década de 1870, "procuraron instruir a los obreros, en conferencias impartidas en el Instituto Nacional, sobre las bondades de la ciencia moderna como liturgia laica del conocimiento que celebra la magnificencia de la creación divina"[48]. Agrega Vicuña que *entre los seguidores se contaron prominentes intelectuales de filiación liberal, mujeres patricias aficionadas a desafiar la tutela del clero, y obreros de la pampa salitrera con credenciales anarquistas. Daría para rato hacer el inventario de los bienes inmateriales que el espiritismo prometía a sus seguidores*[49].

En un artículo de la *Revista Occidente* se afirma que en Chile:

> El primer médium conocido fue Jacinto Chacón Barrios (tío del héroe naval Arturo Prat Chacón), quien creó, en 1875, la sociedad espiritista de Valparaíso junto a su otro sobrino, Ricardo Prat Chacón, inspirados

---

46   Manuel Vicuña, *Voces de Ultratumba. Historia del Espiritismo en Chile*, op. cit., 89p., en Yerko Muñoz, ¡Vuelven los muertos!: espiritismo y espiritistas en Chile, op. cit. 37p.

47   Felipe Rodríguez Vértiz, *Modernidad y posmodernidad*, México DF, Editorial Limusa, 2000, 250p.

48   Manuel Vicuña, *Voces de Ultratumba. Historia del Espiritismo en Chile*, op. cit., 30p., en Yerko Muñoz, ¡Vuelven los muertos!: espiritismo y espiritistas en Chile, op. cit. 71p.

49   Manuel Vicuña, La Muerte, Revista Patrimonio Cultural, N°35, Santiago, 2005, 12p.

en las enseñanzas de Edan Caronet, célebre estudioso del espiritismo[50].

El historiador Gonzalo Vial, por su parte, señala:

En este contexto normal para la época, irrumpe un elemento inesperado; el "espiritualismo"…el espiritismo que Arturo y Carmela compartieron con Jacinto Chacón, su mujer Rosario Orrego, Eduardo de la Barra y otras personalidades porteñas, formó un círculo, cuyos médium eran doña Rosa Orrego y don Jacinto Chacón. Practicaban la escritura automática y en la oscuridad recibían de este modo mensajes de los difuntos[51].

Aviso aparecido en ¿A dónde vamos? revista mensual de estudios psicológicos. Órganos de los Centro Jacinto Chacón de Valparaíso y Eduardo de la Barra de Santiago, Año II, N°16, 1° de junio de 1904[52].

Vial afirma que Arturo Prat:

Era un católico de corte liberal y con una sorpresiva veta espiritista. El elemento básico de su fe no era la Iglesia ni sus dogmas ni tampoco el anticlericalismo tan compartido por algunos católicos liberales. […] El fundamento de la religiosidad del héroe es Dios Padre. Un deísmo pero no del tipo filosófico ni menos positivista sino como experiencia

---

[50]   Revista Occidente, El puente desde el más allá, N°435, diciembre, 2013, 11p.: http://www.revistaoccidente.cl/ediciones-anteriores/ed435/index435.html

[51]   Gonzalo Vial, *Arturo Prat*, Santiago, Editorial Andrés Bello, 1995, 112p.

[52]   Manuel Vicuña, Conjuros Espiritistas, Patrimonio Cultural, Año X, N°35, otoño, 2005, 12p.: http://www.revistapat.cl/607/articles-4535_pdf_1.pdf

propia religiosa, vivencial, personal, de una extrema intensidad y que empapa la existencia entera de Arturo Prat[53].

En 1875 y 1887 se fundaron la *Revista de Estudios Espiritistas y Científicos* y la *Revista Espiritista*. Como sostiene César Parra, la primera contó con la activa colaboración de Arturo Prat y Eduardo de la Barra Lastarria[54], "quien fue el que introdujo a Prat en este ambiente"[55]. El escritor incluso señala que en la Biblioteca Nacional existe "un ejemplar de la *Revista Espiritista*, en el cual se transcribe una sesión de espiritismo donde Prat sostiene un entretenido diálogo con Hipócrates..."[56].

Jacinto Chacón, tío de Arturo Prat.

Según un relato menos conocido, en otra de estas sesiones se habría presentado el espíritu de Hipócrates, a quien Arturo habría hecho preguntas como las siguientes:

---

[53] Corporación Cultural Arturo Prat, *Prat*, Santiago, Corporación Cultural Arturo Prat 2015, 70p.: http://www.coraprat.org/wp-content/uploads/2015/02/LIBROPRAT.pdf

[54] Distinguido diplomático, ingeniero geógrafo, filósofo, crítico literario, periodista y escritor chileno; masón destacado, fue además Soberano Gran Comendador del Supremo Consejo del grado 33 para la República de Chile.

[55] César Parra, *Guía mágica de Santiago*, Santiago, RIL Editores, 2005, 119p.

[56] *Ibid.*

¿Qué es la medicina? ¿Qué juzgáis de la homeopatía, hidropatía y alopatía? ¿Son, como las religiones, todas con un fondo de verdad, y todas marchando por sendas más o menos extraviadas? ¿A cuál corresponderá el triunfo definitivo? Interrogantes todas que nos hablan no solo de sus profundas búsquedas existenciales, sino de un hombre de pensamiento muy avanzado para la sociedad chilena de la época[57].

Gonzalo Vial señala que muchos registros de estas prácticas son palpables en las cartas de Prat a su esposa. En una carta del 20 de noviembre de 1874, se lee:

"...O cuando recorremos la carta de Arturo Prat a su mujer enferma diciéndole que en el círculo han evocado el espíritu de Christian Hahnemann, el fundador de la homeopatía y este le ha prescrito "Nux vomica y Dulcamara", (ante esto Prat señala) ¡Tómalas!...[58].

Para el historiador Gonzalo Vial, el espiritismo de Prat expresaba su necesidad espiritual, y la utilización de los espíritus guías a fin de tomar decisiones en cuanto a un futuro próximo

En las Regiones divinas, el tiempo es inagotable y cada alma completa su desarrollo. No es necesario que lo haga durante el corto espacio de una vida. Al abandonar el cuerpo, lleva consigo su cielo o su infierno interior, según su adelanto o atraso espiritual. Pero habrá para esa alma, si las requiere, nuevas y sucesivas oportunidades de alcanzar la perfección y así gozar finalmente de Dios[59].

Según el texto *El espiritismo en la Masonería*, escrito por Manuel Romo:

El masón Jacinto Chacón actuó como médium a partir de 1875, creando un círculo espiritista en Valparaíso, en el cual también participaba su esposa, Rosario Orrego. A estas sesiones se unió el sobrino de ambos, Arturo Prat Chacón, anhelando comunicarse con su hija y su padre fallecidos. La esposa de Prat, Carmela Carvajal, siguió participando en estos encuentros después de la muerte del héroe para mantener contacto con su espíritu. (...) Los masones encontraban coincidencias entre las ideas que proponía la Masonería y las difundidas por el espiritismo, pues ambos creían en la existencia de Dios y en la inmortalidad del alma. Y este acercamiento no sólo se dio en

---

57 Corporación Cultural Arturo Prat, *Prat, op. cit.*, 71p.

58 Gonzalo Vial, *Arturo Prat*, op, cit., 119p., en Javier Castro Arcos, Arturo Prat espiritista:, 21 de mayo de 2014: http://oikonomos.cl/05/2014/arturo-prat-espiritista/

59 Gonzalo Vial, *Arturo Prat*, op, cit., 117p.

Chile, sino que fue común entre los masones en Francia y en España, por citar sólo dos ejemplos[60].

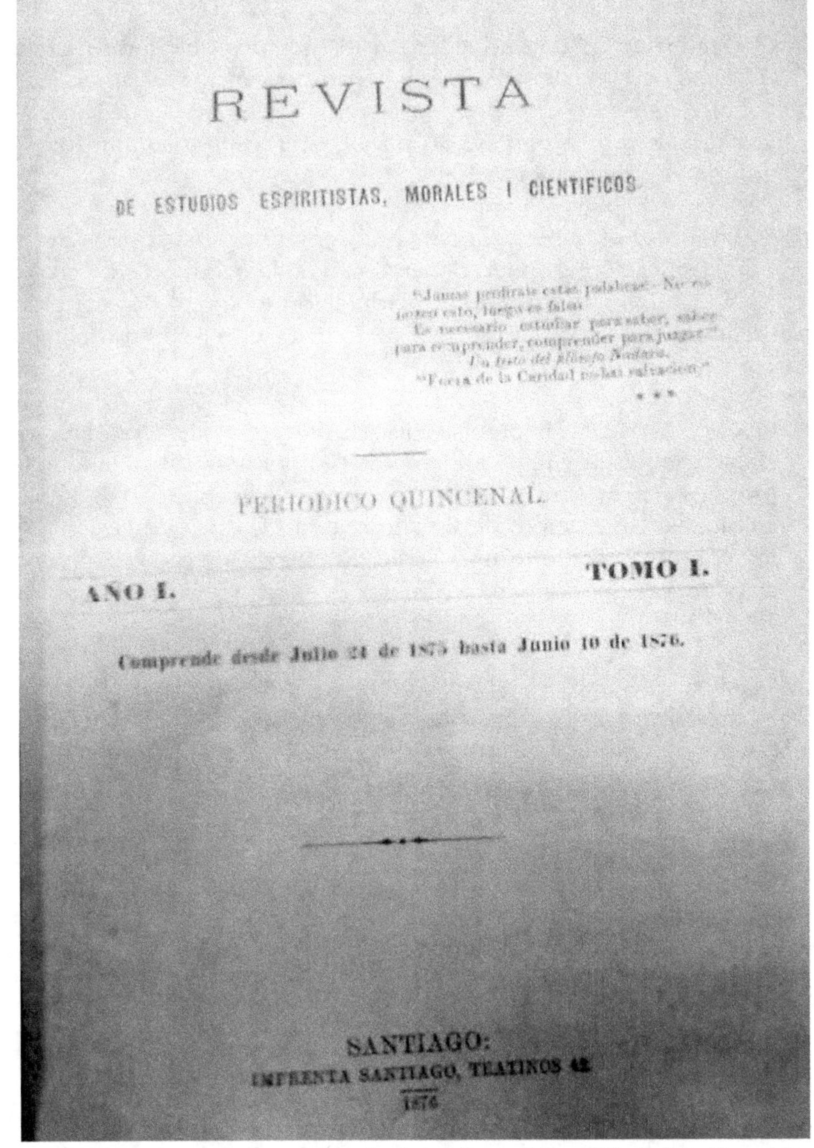

Revista de Estudios, espiritistasm morales i científicos, Chile, 1876. Archivo Hemeroteca Biblioteca Nacional

---

[60] *Ibid.* 25p.

Pero el espiritismo tuvo también detractores. Según Manuel Romo Sánchez, uno de los principales detractores de esta actividad fue José Ramón Ballesteros, que en 1874 escribió:

> El espiritismo ha llegado a ser, en los tiempos que corren, el credo religioso de muchas personas que ayer no más formaban en las filas del racionalismo y del libre pensamiento'. Poco más tarde, sin embargo, él mismo fue conquistado por el espiritismo y se transformó en uno de sus divulgadores[61].

Para Yerko Muñoz, el impacto que tuvo el espiritismo, así como su proliferación e intensificación, se pudo deber al uso de la cultura escrita por parte de los espiritas. De esta manera, la perduración temporal de esta práctica venció el importante rechazo inicial que concitó en el mundo religioso y científico.

> En este sentido, las imprentas chilenas muestran que la producción de textos espiritistas circuló en ámbitos de apertura y, siguiendo la línea propuesta por Vicuña, acceso democrático respecto de los bienes culturales. Un ejemplo de esto lo aporta el relato de la conversión del coronel Arnoldo Krumm-Heller[62], militar mexicano de procedencia alemana que arribaría a Chile a la edad de veintiún años, hacia 1897[63].

Krumm-Heller, que optó por el pseudónimo *Huiracocha*, señaló, en sus *Conferencias Esotéricas* (recopilación datada de 1950 para las conferencias llevadas a cabo durante el año 1909), que:

---

[61] Manuel Romo Sánchez, el espiritismo en la Masonería: http://angeldeluzchile.blogspot.com/2010/06/el-espiritismo-y-la-masoneria-en-chile.html

[62] Nació en Salchendorf, Alemania, el 15 de abril de 1876. Estudió medicina en Alemania, Suiza y México llegando a ser Doctor Honoris Causa por la Universidad de México. "Mi familia había emigrado en el año 1823 a México siendo mi bisabuelo minero. Es muy interesante leer *"Briefe aus México"* donde existe la relación de esos colones alemanes. Siempre nos habíamos considerado mexicanos y así al llegar aquí de niño me encontraba con mi casa pero tenía deseos de conocer toda la América latina. Mi primera residencia fue la República de Chile, uno de los países más adelantados y hermosos de Sur América. De estudiante había leído novelas de algunos autores de importancia. Sabía el Fausto, en gran parte de memoria, y, para cambiar alguna vez, había tomado una obra de Carlos du Prel, pero sin que sus ideas hubiesen dejado huellas en mi ánimo; las leía para distraerme o para cambiar de lectura". Véase http://www.gnosis2002.com/temas/huiracocha.htm

[63] Yerko Muñoz, ¡Vuelven los muertos!: espiritismo y espiritistas en Chile, *op. cit.* 75p.

Al pasar por una librería vi una obra de Allan Kardec. Entré a comprarla y me encerré para leerla; era la tabla de salvación que encontré en el océano de mis sufrimientos para aferrarme a ella[64].

Krumm-Heller su mayor atención la dedicó a los estudios de Esoterismo, Espiritismo, Teosofía, Ocultismo, Martinismo e Iluminación espiritual, tal como él mismo lo describe en su autobiografía[65].

Pero volvamos a Chile, como afirma Catalina Uribe, a mediados del siglo XX, y a pesar de la resistencia de las familias católicas, círculos integrados por personas de notoria seriedad profesional y con prominencia pública y política practicaban con frecuencia y con un halo de seriedad el espiritismo en Santiago de Chile[66].

Catalina Uribe sostiene que Jaime Galté fue quizás el mayor –pero más discreto– exponente de esta fusión entre masonería y espiritismo en el Chile del siglo XX, también fusión entre el positivismo y lo sobrenatural, entre el racionalismo y lo oculto.

---

[64] "No me ha sido posible encontrar un ejemplar impreso de estas conferencias. Por tanto, sólo he podido acceder a la edición digital hecha por el grupo de estudios ocultistas y herméticos Upasika en la colección *Rosae Crucis*. Es interesante consignar la figura de Krumm-Heller y su paso en Chile debido a que es, aún hoy en día, un importante referente de las asociaciones de herencia rosacruz o martinista que existen en nuestro país. El Doctor Krumm-Heller, como era reconocido por sus pares, fue uno de los fundadores de la importente revista *Reflejo Astral*, al tiempo que contribuyó en organizaciones como la masonería y las primeras ordenes martinistas en Chile. Con el tiempo, Krumm-Heller difundirá los postulados de una asociación a la cual denominará como la Iglesia Gnóstica. El texto referido puede consultarse en: http://eruizf.com/martinismo/doc/conferencias_esotericas.pdf,. Cf. Dr. Amauta, Sociedades Secretas: El Martinismo, El Reflejo Astral: Revista Espiritualista, año 1, no. 1, Santiago, 27 de junio de 1901. "El Espiritualismo, es decir, el estudio de las Fuerzas supra materiales es el complemento lójico del Materialismo que estudia únicamente la materia tanjible i algunas de sus pocas fuerzas. De ahí este movimiento intelectual jeneral que invade la humanidad entera i la impulsa hácia lo desconocido i hácia lo invisible (se mantuvo ortografía del original). No cuento con antecedentes empíricos para sostener férreamente que el Dr. Amauta es, en realidad, Arnoldo Krumm-Heller, sin embargo, detalles de su vida ulterior –tales como su admiración por la cultura inca– que no puedo detenerme a detallar en este apartado lo muestran como una posibilidad factible". Yerko Muñoz, ¡Vuelven los muertos!: espiritismo y espiritistas en Chile, *op. cit.* 72p.

[65] Breve biografía contenida en libro *Conferencias esotéricas*. Véase en http://www.gnosis2002.com/temas/huiracocha.htm

[66] Catalina Uribe Echeverría, El cuerpo presente de Jaime Galté Carré: entre el positivismo y la voz de los muertos, Revista Chilena de Literatura, Sección Miscelánea, noviembre, 2010, 15p.: http://www.revistaliteratura.uchile.cl/index.php/RCL/article/viewFile/9047/9006

Espiritismo y anarquismo

El caso de Krumm-Heller puede sumarse a los que refiere Sergio Grez para el mundo anarquista en las regiones salitreras del norte de Chile. Algo similar había acontecido con la relación entre movimiento obrero, anarquismo y espiritismo en Cataluña.

El poeta y antropólogo Gerard Horta en su libro *De la mística a les barricades*[67], ganador del Premio Carles Rahola de Ensayo, presenta:

> Una Cataluña convertida en centro mundial tanto de la doctrina espiritista como de su represión. No es casual que el último auto sacramental que se celebra en España sea en 1861, en el patio del baluarte de la Ciudadela y que consista en la quema pública de centenares de publicaciones espiritistas. Tampoco lo es que el I

En Chile, un caso significativo será Luis Ponce, a quien "los fenómenos psíquicos y el espiritismo atrajeron poderosamente; en 1906 fundó, junto a un grupo de obreros en la tarapaqueña Estación Dolores, un Centro de Estudios y de Propaganda Psíquica 'Allan Kardec', que solicitó a través de la prensa ayuda para la formación de su biblioteca centrada en publicaciones espiritistas"[68]. Asimismo, añade Grez que:

> El interés de Ponce por el espiritismo, las "ciencias ocultas" y los fenómenos psicológicos no fue un caso aislado entre los anarquistas por aquellos años. Estas preocupaciones alcanzaron a eminentes militantes que terminaron abandonando la doctrina ácrata, sustituyéndola por preocupaciones como los fenómenos paranormales o la vida ultratumba[69].

En 1904, como señala Manuel Vicuña, al anunciar el fallecimiento de Maipina de la Barra, se precisó en la revista de un centro espiritista de Santiago que "No diremos los espiritistas que estamos de luto por esta pérdida –como dirían los profanos–, porque semejante expresión es demasiado fúnebre, para indicar el desprendimiento de un alma tan elevada de su envoltura corporal"[70].

---

[67] Gerard Horta, *De la mística a les barricades*, Barcelona, Edicions Proa, 2002.

[68] Sergio Grez Toso, Los anarquistas y el movimiento obrero: la alborada de "la Idea" en Chile, 1803-1915, Santiago, LOM Ediciones, 2007, 214p., en Yerko Muñoz, ¡Vuelven los muertos!: espiritismo y espiritistas en Chile, *op. cit.*, 76p.

[69] *Ibid.*

[70] Manuel Vicuña, "El culto puertas adentro. El espiritismo en Chile", en Rafael Sagredo y Cristián Gazmuri, *Historia de la vida privada en Chile. El Chile moderno de 1840 a 1925*, Tomo II, Santiago, Taurus, 2005, 179-180p.

La eclosión del fermento espiritista, no obstante, no se reduce a estos casos, sino que se amplía, de cara a las décadas subsiguientes, en torno a las movilizaciones estudiantiles de los años 20. Es a través del panorama de un heterodoxo grupo de sujetos que resalta la componente espiritista como un elemento más dentro de una especie de pandemonio de individuos, agrupados en torno a las manifestaciones del período.

Según una web catalana, en Chile, a principios del siglo XX, un periódico típicamente anarquista como fue *Tierra y Libertad,* irá cambiando sus contenidos progresivamente, pasando a subtitularse "Quincenário de sociología, naturalismo y ciencias ocultas" para más tarde directamente llamarse *Luz astral*[71].

Una verdadera panorámica de catálogo universitario chileno ofrece José Santos González Vera hacia 1945 refiriéndose a la generación del 20:

> Entre los universitarios había radicales, masones, anarquistas, vegetarianos, liberales, algunos socialistas, colectivistas nitzcheanos (sic), estirnianos, espiritistas, católicos, nacionalistas (…)[72].

En este punto nos encontramos con una de las características de la sociedad chilena, si bien en público se criticaban estas prácticas, en privado se alababan. Esto explica que importantes militares, científicos y políticos de todos los partidos se asistieron por importantes médium chilenos como Elisa Chereau[73] y Jaime Galté.

Desarrollo del médium

Mario Núñez Molina sostiene que el análisis de las historias de vida de los espiritistas revela que el proceso de convertirse en sanador conlleva dos etapas principales: la "apertura del cerebro" y el desarrollo de facultades.

> Los sanadores se refieren a la primera etapa de su desarrollo como el período en donde tienen que "abrir el cerebro" a la influencia del mundo espiritual. Se piensa que a través de este proceso el individuo

---

71 Desidia-Desidia, anarquismo y espiritismo, 12 de marzo de 2013: http://desidia-desidia.blogspot.com/2013/03/anarquismo-y-espiritismo.html

72 José Santos González Vera, Estudiantes del año 20, Babel, N°. 48, Santiago, julio-agosto de 1945. Reproducido en Ignacio Bastías Carvacho, Movimientos populares (siglos XIX-XX): Política Libertaria y Movimiento Anarquista en Santiago. 1917-1927, Tesis para optar al grado de Licenciado en Historia, Universidad de Chile, 2007, 111p., en Yerko Muñoz, ¡Vuelven los muertos!: espiritismo y espiritistas en Chile, *op. cit.*, 77p.

73 Madre del Comandante en Jefe del Ejército de Chile, René Schneider, asesinado el 25 de octubre de 1970, por un comando del Frente Nacionalista Patria y Libertad.

empieza a preparar sus canales espirituales para comunicarse con los espíritus. Los sanadores consideran que los espíritus tienen que pasar a través de sus cerebros para poder comunicarse. Cuando no quieren comunicarse con los espíritus, los médiums tienen que "cerrar sus cerebros"[74].

Núñez Molina señala que la frase "abrir el cerebro" sugiere lo peligroso, vulnerable y delicado que es este período inicial. Una de los médiums comparó el abrir el cerebro con el abrir de una rosa, tratando de explicar la maravillosa pero delicada naturaleza de este período. Las experiencias que caracterizan la apertura del cerebro se pueden clasificar de la siguiente manera:

a. Escuchar voces
b. tener premoniciones acerca de la muerte de seres materiales
c. conversaciones con espíritus
d. experiencias fuera del cuerpo
e. predicción de eventos futuro
f. escritura automática
g. crisis emocional (obsesión)[75]

Mario Núñez Molina señala, que en su trabajo investigativo universitario, siete de los 16 médiums señalaron haber sufrido una obsesión cuando empezaron a abrir sus cerebros.

Para ellos la obsesión es un estado de desequilibrio mental en el cual la persona no tiene control sobre sus acciones debido a la influencia de espíritus negativos. La obsesión se caracteriza por síntomas tales como el gritar y llorar sin ninguna razón, pérdida de apetito, escuchar voces de naturaleza suicida y comportamiento agresivo. El médium que sufre una obsesión teme perder el control de sus impulsos[76].

Núñez Molina agrega que los médiums usaron palabras como locura y problema de los nervios para describir la experiencia de obsesión. Una de las sanadoras expresó que estaba histérica. Parece ser que todos ellos reconocen que tenían un desequilibrio mental pero pensaban que era causado por factores espirituales.

Estos siete médiums creen que ellos experimentaron la obsesión a modo de prueba debido a que estaban resistentes a aceptar sus facul-

---

74 Mario Núñez Molina, Sistemas Folclóricos de Ayuda, *op. cit.*
75 *Ibid.*
76 *Ibid.*

tades. Interpretaron la obsesión como una experiencia de aprendizaje que los ayudó a desarrollar facultades. Algunos consideran que el médium que sufra una obsesión está mejor preparado para enfrentarse al mundo espiritual que él que no haya sufrido una. Sin embargo, ninguno de los sanadores cree que es necesario experimentar una obsesión para convertirse en médium[77].

Mario Núñez Molina señala que la "facultad" es la capacidad de ser un instrumento o intermediario del mundo espiritual. Todo poder que tenga el médium está basado en su relación con los espíritus. Afirma que "un médium, tratando de explicarme la naturaleza de la facultad, se comparó con un instrumento musical, un radar y un micrófono. Otro dijo que la facultad le pertenece a los espíritus porque el médium no tiene ningún poder"[78].

Las investigaciones muestran –afirma Núñez Molina– que hay varios tipos de facultades. Usualmente los médiums son clasificados de acuerdo a la clase de facultad que tienen.

> Por ejemplo, aquellos que ven los espíritus se llaman videntes y aquellos que oyen las voces de los espíritus se llaman auditivos. Los médiums sensitivos tienen la facultad de sentir la presencia de espíritus. Usualmente los médiums desarrollan más de una capacidad a medida que van adquiriendo experiencia[79].

Mario Núñez Molina afirma que los médiums creen que las facultades no se reciben como regalo sino que son el producto del desarrollo espiritual en vidas pasadas. Aunque algunos médiums consideran que las facultades son un don de Dios, aclaran que trabajaron intensamente para obtenerlas.

> A medida que las facultades emergen, los médiums en desarrollo se envuelven en un proceso de aprendizaje que se da en un centro espiritista. Desarrollo de facultades es un proceso basado en aprender cómo controlar y regular la facultad o poder para que pueda ser utilizada en el bienestar de otros[80].

Mario Núñez Molina señala que el desarrollo de facultades consiste de varias destrezas. Primero, los médiums tienen que aprender a discriminar entre los espíritus buenos y los ignorantes basados en el tipo de fluido o vibración que están recibiendo. Esto es esencial en la práctica de la mediumnidad

---

[77] *Ibid.*
[78] *Ibid.*
[79] *Ibid.*
[80] *Ibid.*

porque el no poder discriminar entre los espíritus puede llevar al médium a seguir las recomendaciones de los espíritus ignorantes.

> La mayor parte de los médiums describieron los fluidos de los espíritus ignorantes como calientes, pesados y desagradables. El fluido de un espíritu ignorante produce síntomas físicos como dolores de cabeza, estómago y espaldas. Si el espíritu murió de una enfermedad, el médium sentirá los síntomas de la misma. Por el contrario los fluidos de los buenos espíritus son descritos como fríos, placenteros, refrescantes y armoniosos[81].

Otro paso importante en el desarrollo de facultades –sostiene Núñez Molina– es aprender a concentrarse. Los médiums describen esta destreza como ser capaz de olvidarse de las cosas materiales y concentrarse en la reunión. A los médiums se les pide "unión de pensamientos" para que puedan comunicarse con el mundo espiritual. Para facilitar la concentración se utilizan oraciones y música.

Núñez Molina estima que un médium efectivo es definido mayormente por la presencia de virtudes y cualidades morales. El modelo de desarrollo de facultades considera que los sanadores deben cultivar las siguientes cualidades:

> 1. Humildad: No se debe creer que el poder de ayuda le pertenece al sanador. Uno tiene que ayudar a otros sin pedir que se nos reconozca por ello. Uno no debe creerse que lo sepa todo.

> 2. Honestidad: Un sanador debe reconocer que a veces es imposible ayudar a alguien.

> 3. Amor: El amor hacia la humanidad es la base del desarrollo de facultades. Trata de desarrollar en ti mismo un amor bien grande.

> 4. Perdón: Uno tiene que perdonar a aquellas personas que han tratado de causarle daño a uno.

> 5. Respeto: El respeto a otros no está basado en lo que tienen sino en lo que son.

> 6. Tolerancia: Uno tiene que aprender a no juzgar ni a criticar a otros[82].

---

[81] *Ibid.*

[82] *Ibid.*

En 1971, el escritor, periodista y diplomático Guillermo Bown, entrevistó al director del Instituto de Parasicología de la Universidad de Utrecht de Holanda, Dr. W. H. C. Tenhaeff, mundialmente conocido por estas temáticas. El médico le contó que trabajaba con más de cincuenta casos de "mutantes" o dotados en observación. Nos cuenta Bown que:

> Su ciencia estudia los aspectos no conocidos de la mente, con personas que poseen una psiquis más adelantada que el común de la gente. Ellos tienen poder telepático (adivinar el pensamiento o transmitirlo); poder de clarividencia (adivinación de símbolos o hechos físicos, cuya existencia no se puede inferir por uno de los cinco sentidos) y poder de precognición (conocer los hechos antes que sucedan)[83].

El escritor nos narra que entre los casos más notables, que estudió el Dr. Tenhaeff, está el de Gerard Croiset, quien se dedicó a colaborar con la policía holandesa en el hallazgo de niños perdidos, personas secuestradas, robos, etc. Bown recuerda que lo interrumpe y le pregunta ¿si conoció el caso del abogado chileno Jaime Galté, quien curaba sin ser médico y diagnosticaba sin visitar al enfermo? Casos como esos hay muchos, responde el profesor. Agrega: "con Chile hemos tenido algunos contactos con una institución bastante seria, la Sociedad de Parasicología por intermedio de sus representantes, el Doctor Brenio Onetto y Eduardo Chiorrini"[84].

Respecto a la Sociedad de Parasicología de Chile, Carlos Mora Vanegas señala que estaba integrada por masones, algunos con altos cargos, bien identificados con la Parapasicologia, caso específico del recordado Dr. Eduardo Chiorrini (su presidente), el Dr. Onetto, Jaime Galte y él mismo y otros que no recuerda. Estamos transportándonos a mediados de los sesenta "que fue cuando me incorporé activamente a la Sociedad como su secretario. El rol del dr. Chiorrini en la Gran Logia de Chile con respecto a la parapsicologia fue positivo, porque siempre nos mantuvo vinculado a ella, lo mismo que Jaime Galté, yo participaba más en la logia mixta. Tengo entendido que el Dr. Chiorrini escribio sobre Galté en algunas oportunidades"[85].

El ingeniero venezolano, recuerda que:

---

[83] Guillermo Bown," Parasicología, no diversión, diario Última Hora, 13 de septiembre de 1971, 5p.

[84] *Ibid.*

[85] Intercambio epistolar con Carlos Mora Vanegas, quien se encuentra actualmente en Italia, realizado el 3 y 4 de febrero de 2016.

Por supuesto, una figura importante dentro de los conocimientos parapsicológicos que aprendió Jaime Galte fue gracias a las aportaciones que nos legara el Dr. Brenio Onetto Bachler quien estudió a fondo su personalidad como psiquiatra, masón y desde luego como paragnosta, sobre todo en los casos de mediumnidad y de una manera particular el caso de las interpretaciones de que tocaba Galté sin haber estudiado en ninguna academia musical al respecto. El Dr. Onetto, mi gran amigo y siempre recordado, fue muy cercano a Galté, recuerdo que también estudió con Miguel Serrano la experiencia que este vivío con Galté[86].

---

[86]   *Ibid.*

Capítulo 1

JAIME GALTÉ: su actividad profesional y en la Masonería

> Tú que fuiste, me dijo, un antiguo argonauta, alma que el sol sonrosa y que la mar zafira, sabe que está el secreto de todo ritmo y pauta. *Palabras de la satiresa*. Rubén Darío.

1.1. Su biografía y estudios

Jaime Galté Carré nació el 24 de mayo de 1903 en Santiago. Como señala la periodista Magda Faludi "cursó sus estudios en Tacna y en Iquique, a donde se trasladó su familia"[87]. Da su Bachillerato, hoy PSU, "el año 1921 y se traslada a Santiago a estudiar Ingeniería en la Universidad Católica, desde donde es expulsado a los tres años por sus actividades estudiantiles extra programáticas"[88].

Jaime Galté en su infancia. Fotografía cedida por la familia.

---

[87]   Magda Faludi, Jaime Galté Carré ¿Mensajero de otro mundo?, diciembre 2007-enero 2008: http://mundomejorchile.com/NE3.html

[88]   José Bravo Llantén, Jaime Galté: un masón insólito, Anuario Pentalpha N°9, 1993, Edición en PDF 2011, 3p.

En 1925, ingresa a la Universidad de Chile a estudiar Derecho y recibe su título de abogado el 11 de noviembre de 1930. "Para la obtención de su título, su memoria versó sobre 'la formación de un nuevo proyecto de ley sobre sociedades de responsabilidad limitada', que posteriormente llegó a ser Ley de la República"[89].

Al mes siguiente, contrae matrimonio, el 19 de diciembre de 1930, con Erna Luisa Müller Baluarte, en la parroquia de Santo Domingo de Guzmán (Ñuñoa). El 9 de diciembre de 1931, nace su hija mayor María Inés y el 16 de mayo de 1933, nace su segunda hija, Sonia Carlota.

En su primer matrimonio.

Junto a su esposa e hijas.
Fotografía cedida por la familia.

Como señala José Bravo Llantén, en el mes de agosto de 1932, "fue nombrado profesor de la Cátedra de Derecho Procesal de la Escuela de Ciencias jurídicas y sociales de Valparaíso, dependiente de la Universidad de Chile y el 20 de octubre del año 1933 fue nombrado Director de la citada escuela universitaria[90]. En Valparaíso conoce al Sr. Tomás Ríos González, muy versado en lo que entonces se llamaba Metapsíquica"[91].

Al año siguiente asumió la misma Cátedra en la Escuela de Derecho de Santiago, donde obtuvo el título de profesor extraordinario de la Cátedra de Derecho Procesal. "Paralelamente con sus actividades docentes, desempeñó el cargo de abogado de la Empresa Periodística La Nación S.S. Tiempo después fue nombrado abogado del Tribunal de Cuentas de la Contraloría General de la República, para posteriormente ser promovido al Departa-

---

[89] Prometeo, Jaime Galté Carré: http://prometeo.bligoo.com/content/view/260899/Jaime-Galte-Carre.html#.VL0stNKG9HU

[90] Véase Fernando Campos Harriet, Desarrollo Educacional 1810-1960, Santiago, Editorial Andrés Bello, 1960, 169p.

[91] José Bravo Llantén, Jaime Galté: un masón insólito, *op. cit.*, 3p.

mento Jurídico de esa repartición"[92]. La Contraloría es el órgano autónomo encargado de fiscalizar y controlar los actos de la Administración del Estado.

El 21 de junio de 1937, fallece su esposa debido a una fulminante tuberculosis. Quedando a cargo de sus dos hijas de cuatro y medio y tres y medio años de edad.

Fue profesor titular de derecho procesal en la Universidad de Chile entre los años 1942 y 1958, y obtuvo el título de profesor extraordinario. La suya es una de las materias más áridas del derecho, según refieren los alumnos de esa Cátedra y los juristas de esta tradicional escuela. "En Galté abundaban la seriedad y la consecuencia, un hombre de derecho, un hombre justo y racional. Ecuánime, medido. Positivista"[93]. Como abogado formó parte de la comisión redactora del Código Orgánico de Tribunales de ese tiempo y a la vez publicó un texto para su enseñanza en la Escuela de Leyes titulado 'Manual de Organización y atribuciones de los Tribunales'"[94].

Fotografía cedida por la familia.

---

92 *Ibid.*
93 Catalina Uribe Echeverría, El cuerpo presente de Jaime Galté Carré: *op. cit.*, 1-2p.
94 José Bravo Llantén, Jaime Galté: un masón insólito, *op. cit.*, 3p.

Fueron amigos suyos muchos abogados de la Universidad de Chile, como el ex Ministro de Relaciones Exteriores, Enrique Silva Cimma, o el profesor de derecho procesal, eminencia en la materia y autor de numerosos textos jurídicos, Hugo Pereira Anabalón. El ex Presidente Patricio Aylwin lo recuerda como un hombre de mucha seriedad. Numerosos médicos también lo rodearon, como Jorge Vigouroux, Doctor en epidemiología, Francisco Donoso endocrinólogo o Brenio Onetto, jefe del Laboratorio de Parapsicología Experimental de la Universidad de Chile[95].

Contrajo matrimonio en segundas nupcias con la distinguida dama, Sra. Alicia Vico[96].

Fotografía cedida por la familia[97].

El 1° de septiembre de 1958 presentó su expediente de jubilación, al cargo de profesor. La Crónica de la Facultad dice: "El señor Galté se desempeñó

---

[95] Catalina Uribe Echeverría, El cuerpo presente de Jaime Galté Carré: entre el positivismo y la voz de los muertos, *op. cit.*, 21p.

[96] José Bravo Llantén, Jaime Galté: un masón insólito, *op. cit.*, 3p.

[97] Francisco Gamboa Galté, Jaime Galté Carré: http://fgamboag.wix.com/jaimegalte#!el-padre-y-esposo/c12eo

como profesor de la cátedra de Derecho Procesal en la Escuela de Derecho de Santiago en los últimos años"[98].

En 1960, participó en el Congreso de Abogados celebrado en Santiago, siendo elegido relator de la comisión en la que le correspondió participar. "Asimismo, fue miembro del Directorio General de la Asociación de Boy Scouts de Chile, como delegado del Directorio Provincial de O'Higgins, entre 1943 y 1950"[99].

Además Galté fue miembro director de la Sociedad Científica de Chile y, en política, se identificó con las doctrinas laicas y democráticas que preconizaba el partido Radical. Con un grupo de profesionales, entre los que figuraban médicos, ingenieros, abogados y otros especialistas, fundó la Sociedad Chilena de Parapsicología en la que desempeñó el cargo de vicepresidente hasta el día de su muerte[100].

Como señala la *Revista Occidente*: "a las sesiones de sanación de Jaime Galté siempre asistieron médicos, entre ellos los Doctores Italo Alessandrini, Brenio Onetto, Francisco Becca, Eduardo Cruz Coke, Francisco Barrenechea, Ignacio Díaz y Roberto Donoso"[101].

Brenio Onetto además de médico, era filósofo y miembro activo y participante de la Sociedad Chilena de Filosofía. Como señala Roberto Escobar:

> Onetto desarrolló una visión amplia del ser humano que sobrepasó los límites de la medicina curativa. Iniciador de los estudios parapsicológicos en una época en que recién se iniciaban los primeros experimentos en el Hemisferio norte. Es fácil darse cuenta de las dificultades y objeciones con que se encontró hace 40 años. Hoy no sorprendería a nadie[102].

---

[98]   Facultad de Ciencias Jurídicas y Sociales, Anales Cuarta Época, vol. II, Universidad de Chile, 11p.

[99]   José Bravo Llantén, Jaime Galté: un masón insólito, *op. cit.*, 3p.

[100]   Prometeo, Jaime Galté Carré, *op. cit.*

[101]   Revista Occidente, ¡Gracias a él yo estoy aquí! La ayuda del Médium Jaime Galté, N°436, enero-febrero, 2014, 21p.: http://www.revistaoccidente.cl/ediciones-anteriores/ed436/index436.html#p=20

[102]   Roberto Escobar, *El vuelo de los Búhos: visión personal de la actividad filosófica en Chile de 1810-2010*, Santiago, RIL Editores, 2008, 366p.

Jaime Galté. Fotografía cedida por la familia[103].

---

103 Francisco Gamboa Galté, Jaime Galté Carré: http://fgamboag.wix.com/jaimegalte#!primera-maniefestacin/c1k3r

1.2. Su vida en la masonería

Como hijo único de padre masón (Jaime Galté Sabaj), el médium ingresó a la francmasonería el 25 de noviembre de 1937, "recibiendo la luz masónica en la respetable logia "Deber y constancia N°7" [104]. Antes de cumplir el año, el 20 de julio de 1938, se le concedió aumento de salario y el 18 de agosto de 1939 recibió el Grado de Maestro Masón. "Mantuvo una constante y abnegada actividad en su logia, desempeñando distintos cargos: Maestro de ceremonias, Orador, Segundo y Primer Vigilante y Venerable Maestro por tres períodos consecutivos entre los años 1942 y 1945, constituyendo notables etapas en la vida de ese taller"[105]. Publicó numerosos trabajos en la *Revista Masónica*.

Contribuyó a la creación de la logia "Prometeo N°101 de la que fue miembro integrante hasta el día de su muerte. Colaboró también con la Gran Logia de Chile, desempeñándose como miembro del Tribunal de Honor, por seis años consecutivos y, en el momento de su deceso, desempeñaba el cargo de Gran Orador de la Gran Logia de Chile por un segundo período[106].

Asimismo, la Gran Logia de Virginia, de los Estados Unidos, lo había designado garante de paz y amistad ante la Gran Logia de Chile, contribuyendo con su destacada participación al desarrollo de fraternales relaciones entre dos poderes masónicos.

Como narra José Bravo Llantén:

> La Masonería Capitular también lo contó entre sus miembros más esclarecidos. Recibió el Grado IV el 29 de Septiembre de 1945, en el Santuario "Esperanza" N°2 de Santiago, del cual fue posteriormente su Presidente. La Logia de Perfección de Grado IX "Educación y Justicia" N°1, lo contó entre sus miembros y contribuyó a fundar la Logia de Perfección Grado IX "José de San Martín" N°3. Gracias a su activa participación en las actividades de la Masonería Escocesa, obtuvo los siguientes Grados 18°, 22°, 30°, 31°, 32°, para posteriormente ser exaltado el 8 de Diciembre de 1963, "al Grado 33° y último del Rito Escocés Antiguo y Aceptado[107].

---

[104] Francisco Gamboa Galté, Jaime Galté Carré - El Médium Chileno de fama mundial, http://fgamboag.wix.com/jaimegalte#!el-masn/c23kh

[105] Prometeo, Jaime Galté Carré, *op. cit.*

[106] Prometeo, Jaime Galté Carré, *op. cit.*

[107] José Bravo Llantén, Jaime Galté: un masón insólito, *op. cit.*, 4p.

También, según información de Claudio Cáceres Vidal, Jaime Galté habría participado en el Rito Antiguo y Primitivo Memphis-Misraim[108], con personajes tales como Otto Reszczynski, Roberto Rivera, Neftalí Molina, Arturo Idiaquez, y otros no menos preclaros. "Esta masonería de inspiración egipcía tuvo un rápido crecimiento y aceptación entre los círculos intelectuales de nuestro país, por la novedad de sus rituales y la afinidad con las enseñanzas hermético-esotéricas más ocultas como el Martinismo por ejemplo"[109].

Libro El Escarabajo Sagrado

---

[108] En algunos textos aparece como Memphis Mizraim.
[109] Claudio Cáceres Vidal, Antecedentes sobre el Rito de Menphis y Misraim: http://memphis-misraim.cl/v1/index.php/temas-articulos/95-antecedentes-sobre-el-rito-de-menphis-y-misraim

Unos años antes, como señala Claudio Cáceres Vidal:

> El 29 de Marzo de 1929, León Turnier, miembro del Soberano Santuario de Francia y Gran Representante de la Orden de Menphis y Misraim, crea el triángulo masónico "Pitágoras", hecho que marca el nacimiento oficial del Rito en Chile. León Turnier había sido miembro previamente de la Gran Logia de Chile del Rito Escocés[110].

Recordemos que el libro *El Escarabajo Sagrado* firmado por Lowe fue editado por el Circulo Martinista Jaime Galté en 1972. Otros textos también mencionan la directa relación de Jaime Galté con el Martinismo[111] e incluso una página habla de su rol fundador de la Orden Masónica de Memphis Misraim en Chile, Logia Lumen 17[112].

Según una web llamaba la Orden Martinista Tradicional, el martinismo es una Orden iniciática cuya finalidad esencial es perpetuar el esoterismo judeocristiano.

> Los martinistas estudian la historia del hombre, desde su emanación de la Inmensidad Divina hasta su condición presente, así mismo las relaciones que lo unen a Dios y a la naturaleza. Porque según el Filósofo Desconocido[113]: "*...no podemos leernos más que en Dios mismo y comprendernos más que en su propio Esplendor...*". El hombre ha cometido el error de alejarse de Dios y caer en el mundo material. Haciendo esto, de cierta manera se adormeció al mundo espiritual, y su Templo interno está en ruinas. Por lo tanto, debe reedificarlo, porque si ha perdido su poder primario, a pesar de todo conserva el germen, y solamente a él corresponde hacerlo fructificar[114].

El Filósofo Desconocido escribió que:

> El hombre es Hijo de Dios y colaborador de Dios; Todo cuanto se encuentra en el universo y en la Naturaleza, también se encuentra en

---

[110] *Ibid.*

[111] Véase: http://otto-reszczynski.blogspot.com/

[112] Véase http://martinismo.weebly.com/biografiacutea-jaime-galteacute.html

[113] Louis-Claude de Saint-Martin publicó su primera obra en1775 bajo el título "*De los Errores y de la Verdad, o los Hombres convocados al Principio Universal de la Ciencia*". El objetivo de este libro era combatir el ateísmo de su tiempo. Como todos sus otros escritos, éste fue publicado con el seudónimo de "El Filósofo Desconocido". Otras publicaciones siguieron, entre las cuales: *El cuadro Natural de las relaciones que existen entre Dios, El Hombre y el Universo, El Hombre del Deseo, Ecce Homo* y otras. Orden Martinista Tradicional, Orden Martinista Tradicional: http://www.rosacruz.org/puntoa/martinistas.php

[114] *Ibid.*

el Hombre; El ser humano es un ángel caído, pero su voluntad y libre albedrío lo llevarán de nuevo a la luz de donde vino. Dentro de nosotros se encuentra el Árbol de la Vida, y el Árbol del Conocimiento del Bien y del Mal[115].

Finalmente, la web Martinista señala que es:

Una *Fraternidad*, en la cual se reúnen hombres y mujeres de diferentes creencias, de distinto nivel de desarrollo, que pertenecen o no a otras instituciones, diversas edades, que pueden ser desde estudiantes y hasta profesionales, amas de casa o empleados. Todos trabajando unidos por un ideal común, por ser hijos de una misma Creación. La Orden Martinista Tradicional, de acuerdo a la naturaleza de sus enseñanzas, es una Orden Iniciática y una escuela de Caballería Moral[116].

Jaime Galté, al momento de su fallecimiento, "ejercía la presidencia del Soberano Tribunal de Grado 31°, con acierto y sabiduría a pesar de sus abrumadoras responsabilidades profanas y actividades masónicas"[117].

Como una demostración de su profunda convicción masónica y de su acendrado amor a la Orden, se reproduce a continuación las líneas iniciales de "Fundamentos Masónicos", uno de sus numerosos trabajos, aparecido en la *Revista Masónica* N°9-10:

Para algunos la institución masónica es la guardadora de los principios morales que han dignificado a la especie humana, elevándola por encima de la baja animalidad; para otros es una filosofía que ha organizado a los pueblos sobre la base de la política positiva y para el resto, es la conservadora de la tradición iniciática de hace miles de años, que transmite a través del tiempo, la formidable sabiduría del pasado...[118].

Gustavo Frías señaló en uno de los programas de TVN ¿"Y si fuera cierto"?, dedicado a Galté, que gracias a su nombre "por primera vez un templo masónico abrió sus puertas a la televisión chilena"[119].

---

115 Orden Martinista, El Martinismo: http://www.martinismo.org/martinismo.html
116 *Ibid.*
117 José Bravo Llantén, Jaime Galté: un masón insólito, *op. cit.*, 4p.
118 *Ibid.*
119 Silvio Caiozzi, "Historia de un médium", *op. cit.*

Marino Pizarro, ex rector de la Universidad de Chile, señala que Galté fue un hombre importante para la masonería:

Diría que si no hubiese muerto en el año 1965 habría llegado al cargo de Gran Maestro que se lo merecía de antes ya. Influyó notablemente la educación masónica en él. Y más que nada lo que es la esencia de la masonería que es el humanismo. El estudio del hombre, la creencia del hombre y el respeto por la personalidad humana. Yo creo que eso lo identifica plenamente a Jaime Galté[120].

Gustavo Frías[121] le pregunta al Gran Maestro: Si dentro de los principios de la masonería está el racionalismo cartesiano ¿cómo es posible que este racionalismo haya aceptado la facultad del Sr. Galté? Marino Pizarro contesta:

Yo creo que influye mucho la sabiduría del hombre. Su ilustración. Su cultura. Un hombre culto es capaz de respetar creencias religiosas,y políticas. Sin necesidad de que esté participando en alguna de ellas. Yo creo que eso es lo que ha hecho que Jaime Galté haya podido tener este lado tan importante en su vida[122].

Sin embargo, lo más extraordinario de su historia no está en su destacado ámbito profesional ni en su participación en la Masonería, sino en sus capacidades síquicas.

---

[120] Entrevista con Marino Pizarro, Silvio Caiozzi, "Historia de un médium", op. cit
[121] Silvio Caiozzi, "Historia de un médium", *op. cit.*
[122] *Ibid.*

Capítulo 2

Su vida como médium[123]

> Despierta,…y de una vez por todas resuélvete a abandonar la ficción que ha sido tu existencia y prepárate para entrar en la realidad'. *El conocimiento de sí mismo*. Jaime Galté.

2.1. Su primera manifestación paranormal

Según Francisco Gamboa Galté, su abuelo a la edad de 18 años tuvo un sueño que se convertiría en la primera manifestación de los poderes paranormales. La historia es la siguiente: su padre, que hacía frecuentes viajes de negocio a Valparaíso, falleció, en una calle del puerto, a causa de un síncope cardíaco en 1918. Su madre escribió varias cartas a un abogado de Valparaíso, encargado de los negocios de su esposo, sin recibir respuesta[124].

Como vimos anteriormente, a tres años de la muerte de su padre y cuando vivían una crítica situación económica en la familia, Galté viaja solo desde Iquique a Santiago a estudiar Ingeniería en la Universidad Católica. En ese viaje pasó por Valparaíso, sin embargo no tuvo la oportunidad ni siquiera de conocer los alrededores de la estación. El día 23 de Mayo de 1921 soñó que: viajaba en tren y llegaba tarde a Valparaíso, que él no conocía. Desde la estación ve un monumento y una plaza, la que atraviesa para dirigirse a un hotel cercano, donde le recibe un hombre mayor quien le pregunta ¿qué desea?:

> ¿Cuál es la pieza del señor Galté?, le consulta.
> –En el 2º piso, pieza 28, le responde el hombre. Sube las escaleras y abre la puerta. Ya en el interior de un dormitorio, tiene la impresión de que no está solo. Se da vuelta y ve a su padre muy contento.
> Pero ¡Cómo¡ le dice ¿tú no estás muerto? ¿No te enterraron hace tiempo?
> –Sí, pero lo que está enterrado son piedras.
> ¿Cómo están ustedes? Muy afligidos por la situación económica.

---

[123] Agradezco el innegable apoyo e impulso en la realización de este capítulo de Humberto, Carlos y Francisco.

[124] Francisco Gamboa Galté, Su primera manifestación paranormal, fue un sueño con su padre, http://fgamboag.wix.com/jaimegalte#!primera-maniefestacin/c1k3r

–Anda donde el abogado Sr. Rafael de la Beau. Él tiene un sobre con $1.900 pesos, mi reloj, mi argolla y varios papeles que te entregará[125].

Galté quedó muy impresionado e inquieto por lo real que le pareció el sueño. Pensó: ¿Y si fuera cierto? Pero es una locura hacer caso a un sueño. Y en esa incertidumbre pasó el día, hasta que decidió partir al día siguiente al puerto, era el 24 de mayo, día de su cumpleaños.

Francisco Gamboa Galté señala que su abuelo al llegar al puerto y salir de la estación ferroviaria, comprobó que la plaza Sotomayor tenía un monumento, tal como lo había visto en el sueño y al fondo estaba el Hotel Inglés, al cual se dirigió rápidamente. Para su sorpresa, allí estaba un hombre mayor que lo saluda amablemente.

Ahora, más seguro que el resto de su sueño sea cierto, se presenta.

> Soy Galté.
> –Oh señor, que gusto… su padre venía siempre aquí.
> ¿A la pieza N°28?
> –Sí señor, pobre caballero, fue muy cerca de aquí donde sufrió el ataque
> ¿Vamos a ver la habitación?
> –Subieron las escaleras y llegaron a la pieza que Jaime había visto en su sueño. Entonces ya no tuvo duda de que el resto era cierto.
> ¿Vive aquí, en el Puerto, un abogado llamado Rafael de la Beau?, le preguntó.
> –Sí, señor.
> ¿Sabe dónde vive?
> –No, pero Ud. Puede ir a los Tribunales que quedan aquí cerca y allí le podrán dar noticias.
> Marchó donde le indicaron y encontró el abogado, quién después de identificarlo, le comentó:
> –Tengo un paquete para usted…. He escrito varias cartas a su madre y todas me han sido devueltas[126].

Galté señaló que su madre había cambiado de domicilio, de Tacna a Iquique. La conversación se alargó en el tiempo tal como pasaba con su padre, de quién fue gran amigo. Después del almuerzo, pasaron al escritorio y antes de que le entregara el paquete, Jaime Galté dijo:

---

[125] *Ibid.*
[126] *Ibid.*

Le voy a decir lo que contiene ese paquete.

–Yo no sé le adelantó el abogado, pues tal como lo he recibido se lo entrego.

¿Cómo sabe usted lo que contiene?

–Lo vi en sueños... en ese paquete hay $1.900 pesos, un anillo, un reloj y varios papeles.

Abierto el paquete, se encontró lo que Jaime, en sueños, había oído decir a su padre, fallecido tres años antes[127].

Francisco Gamboa Galté sostiene que este sueño del joven Galté es una experiencia extraordinaria de difícil clasificación. "Puede pensarse en un caso de clarividencia y precognición"[128]. Sonia Galté señala que para su padre "era volver a vivir un sueño hecho realidad"[129].

El ingeniero venezolano, Carlos Mora Vanegas, secretario general de la Sociedad Chilena de Parapsicología cuando Galté era presidente, afirmó que a Galté le interesaba mucho la Parapsicología, los estudios paranormales, dado a que desde joven tuvo su primera manifestación a través de un sueño que lo contaba en la Sociedad Chilena de Parapsicología y que quedó asentado en los libros de los sueños a cargo de esa comisión de estudio encabezada por la Dra. Elcira Pinticart[130] [131].

El siquiatra Enrique Escobar recuerda que el Doctor Brenio Onetto Bachler se integró a la Sociedad Chilena de Parapsicología, fundada en 1963 por Eduardo Chiorrino y Jaime Galté –este último paragnosta, es decir, portador de cualidades paranormales. "Trabajaron en la investigación con portadores de fenómenos paranormales, teorizando al respecto y divulgando lo que en ese momento era muy combatido. Si bien no desperdiciaron esfuerzos por la enseñanza y la divulgación permanecieron juntos hasta el término de la Sociedad en 1967"[132].

---

[127] *Ibid.*

[128] *Ibid.*

[129] Entrevista a Sonia Galté, Caleta de pecadores, Fenómenos paranormales, Canal Rock & Pop, 1996: https://www.youtube.com/watch?v=_NkNWoVwdU4#t=40

[130] Carlos Mora Vanegas, Recordando a Jaime Galté Carré: http://www.gestiopolis.com/canales6/rrhh/carecordando.htm

[131] La oftalmóloga Elcira Pinticart de Wessely es autora de los libros *Tres conferencias: Dr. Alexis Carrel; Profetas y premoniciones; Números y espirales y la parapsicología*, primera edición, 1975, Santiago de Chile, Universitaria y *Mi vida nocturna*, Santiago de Chile, Universitaria, 1976. La doctora fue una de las personas que más conoció a Jaime Galté. Intercambio epistolar con Carlos Mora Vanegas, quien se encuentra actualmente en Italia, realizado el 3 y 4 de febrero de 2016.

[132] Enrique Escobar, El Dr. Brenio Onetto Bachler y su aporte a la parapsicología chilena, Revista GPU, volumen 6, N° 2, 2010, 238-239p.: http://revistagpu.cl/GPU%202%20%282010%29/HP%20El%20Dr.%20Brenio%20Onetto.pdf

Dibujo El Drama de todo aparecido en libro En el umbral. Cedido por la familia.

2.2. El vapor Itata

Carlos Mora Vanegas señala que luego de su primera experiencia parasicológica, Galté fue convencido por su amigo Ricardo Prat Chacón, hermano de Arturo, que poseía un don que debía desarrollar y poner al servicio del prójimo. Invitándolo a una reunión mediúmnica[133].

Francisco Gamboa sostiene que esa reunión se efectuó en la Intendencia de Valparaíso, frente a la máxima autoridad provincial. Lo hicieron concentrase y poner su mente en blanco… Galté súbitamente perdió el conocimiento. Cuando volvió en sí, el Intendente se paseaba agitadísimo, de un extremo a otro de la habitación. Gamboa Galté señala que su abuelo preguntó qué pasaba:

> ¡Cómo que sucede! ¡Mire lo que acaba de escribir en un papel!. Jaime Galté tomó el papel y leyó lo que minutos antes había escrito estando

---

[133] Carlos Mora Vanegas, Recordando a Jaime Galté, *op. cit.*

en trance, con su propia mano, aunque no con su propia letra: "Soy fulano de tal. Acabo de morir en el hundimiento del Itata. Por favor vaya a mi casa del Cerro Barón. En el segundo cajón de la cómoda que se encuentra en el dormitorio, encontrará una cajita en cuyo interior hay 200 pesos. Entréguele cien de ellos a mi madre y los otros cien a mi mujer..."[134].

Francisco Gamboa Galté cuenta que el Intendente se paseaba de un lado a otro, y que llamó a todas partes. Las respuestas fueron alentadoras: "El Itata navega normalmente frente a Coquimbo". La autoridad le dijo a Galté que se había equivocado y lo despidió. Minutos más tarde pasaron algunos de los participantes de la reunión frente a la puerta de *El Mercurio*. "Un empleado sacaba una pizarra y empezaba a escribir 'Hace unos poco minutos el barco Itata se hundió...'"[135]. Entonces corrieron a la empresa naviera y preguntaron por el firmante de la carta que Galté, en estado de trance, había escrito. "Figuraba en la lista de la tripulación, era el ayudante de cocina. Fueron a su casa en Cerro Barón y en el lugar indicado encontraron la caja con los 200 pesos"[136].

Carlos Mora Vanegas cuenta que, tal como lo relata el Dr. Iván Seperiza Pasquali, Galté no hacía alarde de sus experiencias, aunque se mostraba siempre dispuesto ante quien acudía a él en demanda de ayuda. Aparentemente heredero de sus facultades por línea materna, Galté buscó asesoría en cuanto comprobó poseerlas[137].

El vapor Itata con 400 pasajeros a bordo:

> En su mayoría familias que se dirigían al norte a probar suerte en la industria del salitre, zarpó ese día desde el Puerto de Coquimbo. Los escalofriantes relatos de los 26 sobrevivientes que lograron llegar hasta la playa de Los Choros y la localización de sus restos hoy son parte de un proyecto patrimonial desarrollado por un grupo de profesionales de la región[138].

---

[134] Francisco Gamboa Galté, La increíble historia del hundimiento del vapor Itata. 28 de Agosto de 1922, http://fgamboag.wix.com/jaimegalte#!quienes-somos2/ck2z

[135] *Ibid.*

[136] *Ibid.*

[137] Carlos Mora Vanegas, Recordando a Jaime Galté, *op. cit.*

[138] Redmagdala, 1922: La catástrofe del Itata pasó desapercibida, http://redmagdala.blogspot.com/2013/10/1922-la-catastrofe-del-itata-paso.html

Hulda Fredes Barrera [139] señala que cuando los sobrevivientes venían en el bote ya estaba oscureciendo. Ellos divisaron...

> Una luz como que si alguien tuviera fuego encendido, cuando el bote llega a la playa todos saltaron, pues el bote se dio vuelta y varias personas quedaron atrapadas, pero ellos siguen viendo esa luz, como llama de fuego y uno dice: ¡sigámosla deben haber habitantes! Siguen la luz que los guía pero cuando llegan al pueblo la luz desaparece".

2.3. El Dr. Halfanne

> *Haciéndonos mejores nosotros mismos, se volverá mejor cuanto nos rodea e iremos evolucionando de cielo en cielo hasta que el destino del alma humana se pierda en una gloria radiante, donde los ojos de la imaginación no podrían hoy seguirla.* Historia del espiritismo. Arthur Conan Doyle[140]

Carlos Mora Vanegas afirma que Jaime Galté también tenía contacto con el espíritu de Erik Halfanne, un médico suizo-alemán fallecido en Bolivia a principios de este siglo. El Doctor Halfanne se expresaba a través de Galté por medio de la escritura de mensajes con una enorme letra muy diferente a la suya. Rolando Urrutia, Doctor en Economía, señala que:

> Firmaba sus recetas con el nombre de Doctor Halfanne. Incluso la letra con la que escribía no era la de él. Era una letra absolutamente distinta era otra persona. Debe haber sido un excelente médico me imagino, creo yo. Y que por alguna razón, su personalidad se trasplantó y adoptó, en determinado momento, a Don Jaime. Entró en él. Y actuaba a través de él y firmaba a través de él. Porque don Jaime no sabía de medicina[141].

De esta forma, diagnosticaba por escrito enfermedades y dictaba tratamientos con modernos remedios, muchas veces desconocidos en nuestro país. "Según recuerda su hija Sonia, el Dr. Eric Halfanne se dio a conocer, por primera vez, en una ocasión en que un matrimonio amigo, los Bachelet, tenían

---

139   Hulda Fredes Barrera, La luz que guió a los sobrevivientes del naufragio del Itata, 2009: http://culturahiguerana.blogspot.com/2009/09/sobrevivientes-del-itata.html

140   Arthur Conan Doyle, Historia del espiritismo, Federación Espírita Española, 1ª Edición digital, 20 de Septiembre, 2005, 330p.: http://passthrough.fw-notify.net/download/394733/ http://www.espiritismo.cc/Descargas/libros/Historia-Espiritismo.pdf

141   Entrevista a Rolando Urrutia, Silvio Caiozzi, "Historia de un médium", *op. cit.*

una hija enferma (había adquirido una enfermedad a la piel, que no podían curar, pues los médicos no acertaban con una medicina)"[142].

Francisco Gamboa Galté narra que el médico de la familia que conocía a la muchacha desde pequeña, acababa de morir. Ellos creían que él la habría podido sanar. Sabiendo de los dotes de mediumnidad le rogaron a Jaime Galté, tratar de comunicarse con el médico para que les diera una receta. El matrimonio lo formaba Alberto Bachelet Brandt y Mercedes Martínez, y la hija enferma era Liliana, hermana de quien fuera el general Alberto Bachelet Martínez (padre de Michelle Bachelet, actual Presidenta de Chile.

Jaime Galté accedió a la petición del matrimonio:

> Entrando en trance, luego de un momento, el médico pediatra invocado manifestó a través de Galté que no podía atenderla porque "estaba cumpliendo otra misión", pero que vendría otro médico a ayudarla. Así fue como se incorporó, por primera vez el Dr. Halfanne en su cuerpo.

Sonia Galté, hija de Jaime Galté, relata:

> Mi padre lo invocaba a voluntad, caía en trance cerrando los ojos y respirando profundamente y él nos contaba que sentía un adormecimiento que partía de los pies y de la cabeza y al juntarse en el plexo solar, comenzaba a incorporarse el Dr. Halfanne. Su cara cambiaba de expresión deformando sus facciones, su brazo derecho, sobre todo su mano, se ponían torpes y cada dedo se movía como si fuera de otra persona. Luego tomaba un lápiz y una hoja de papel y empezaba a escribir rápidamente con una letra grande, muy distinta la suya propia.

Ángela Jeria, madre de la Presidenta Bachelet, recuerda que:

> Los relatos familiares sostenían que en esta primera aparición del Dr. Halfanne, Galté habría recetado un remedio que no existía aún en Chile para sanar a la niña. El caso habría sido de difícil solución, ya que Liliana, o Lila como le decían sus parientes, murió a los 17 años en 1939[143].

---

[142] Francisco Gamboa Galté, Primera manifestación del Dr. Eric Halfanne, http://fgamboag. wix.com/jaimegalte#!primera-manifestacion-de-halfanne/c149a

[143] *Ibid.*

Magda Faluli sostiene que lo sorprendente era el hecho de que el médico fallecido conocía todos los adelantos de la medicina y de la farmacología. Incluso llegó a recetar productos descubiertos después de su muerte.

> En otro caso, a un paciente le prescribió unas vacunas en etapa de experimentación en el Instituto Pasteur, de Francia, que no se conocían en Chile. Sus diagnósticos eran sorprendentemente certeros, y para hacerlos examinaba haciendo palpaciones a sus pacientes. Sin embargo, sólo atendía casos a los que la medicina tradicional no ofrecía respuestas[144].

Carlos Mora Vanegas señala que Galté se concentraba profundamente hasta poner la mente en blanco. "Luego sentía un adormecimiento que empezaba en los pies y subía hasta la cintura y otro que, partiendo de la cabeza, bajaba por su cuerpo. Galté sólo recordaba que se unían estos dos adormecimientos o corrientes en su plexo solar, y perdía toda conciencia hasta que despertaba una vez finalizada la sesión de espiritismo[145].

Quizás por la similitud con lo que a él le pasaba, en un texto sin autor se cuenta que Jaime Galté habría traído a Chile un video del famoso curandero brasileño Zé Arigó[146]. José Pedro de Freitas, luego conocido como Zé Arigó ("paisano jovial"), nació el 18 de octubre de 1922 en una pobre hacienda de Faria, localidad ubicada en Congonhas do Campo, un pueblo del interior de Minas Gerais.

Arigó aseguraba que en su cuerpo encarnaba el espíritu del "Doctor Adolpho Fritz", un supuesto médico alemán fallecido en 1918[147].

2.3.1. Caso del molar

El Doctor Francisco Donoso, quien fue Vicepresidente de la Sociedad Endocrinológica de Chile, recuerda que "cuando era estudiante de sexto año de

---

[144] Magda Faludi, Jaime Galté Carré ¿Mensajero de otro mundo?: http://www.portalnet.cl/comunidad/cementerio-de-temas.635/273471-jaime-galte-carre-un-homenaje-al-gran-paragnosta-chileno.html

[145] Carlos Mora Vanegas, Recordando a Jaime Galté, *op. cit.*

[146] Curaciones espirituales en el Brasil, Parte 1, Números 368-370 de Conocimiento de la nueva era Curaciones espirituales en el Brasil, Universidad de Texas, 1968.

[147] Otro famoso médium brasileño, para algunos el más grande, fue Francisco Cândido Xavier, cariñosamente conocido como Chico Xavier. "Chico Xavier residió en una humilde casa de la ciudad de Uberaba, Estado de Minas Gerais, Brasil, adonde se mudó en 1958. Vivía de una módica jubilación de empleado del Ministerio de Agricultura hasta su partida definitiva de este mundo, el 30 de junio de 2002 a las 19:30 horas". Confederación Espiritista Argentina, Chico Xavier (1910-2002). Brasil –El médium más famoso del siglo XX: http://www.ceanet.com.ar/chico-xavier/

Medicina, comencé a sentir molestias, enflaquecimiento y decaimiento... era 1933. Consulté a dos profesionales de la Facultad. Y se alarmaron... Encontraron pus en la orina... surgió una hipótesis: yo tenía tuberculosis renal"[148].

En un programa de TVN, de la época Donoso recuerda que:

> El caso mío era distinto: tenía los dos riñones comprometidos con pus, por ambos uréteres, de lado y lado. Así que no había salvación posible. En ese tiempo no había tratamiento para la tuberculosis al riñón. Ninguno. No existían los antibióticos. Y en una de mis venidas a Santiago, uno de mis amigos me llama y me dice mira yo tengo una persona que es un médium y que ha hecho curaciones fantásticas. ¿Por qué no ves?[149].

El Doctor Donoso cuenta que los especialistas le practicaron toda clase de exámenes de laboratorio y constataron la presencia de una formación redonda en la vejiga, considerada como de origen tuberculoso. "Sin embargo, no fue descubierta la presencia de bacilos de Koch... Y se me diagnosticó... Tuberculosis Renal Bilateral. A la época, el caso era inoperable... no habían drogas antituberculosas"[150]. Agrega Donoso que:

> En alguna forma se me dijo de lo que se trataba. Aunque la noticia era catastrófica, con la inconsciencia propia de la juventud, no me alarmé mucho ni me desmoralicé. Se me indicó que debía pasar una temporada en las termas de Jahuel para reponer los kilos que había perdido y mejorar las defensas. En el tratamiento se agregaron inyecciones de 'antígeno metílico', que se preconizaba por aquel entonces, y un desinfectante urinario[151].

Después de un período –y como las molestias continuaron– un compañero en la facultad, lo puso en contacto con Jaime Galté.

> El día fijado llegué a la casa y me encontré con Jaime Galté, a quien no conocía, sentado ante una mesa con un papel y lápiz al frente, acompañado por mi amigo y dos o tres personas más. Después que lo había saludado, me pidieron que me colocase a un lado de la mesa y no me preocupara[152].

---

[148] Francisco Gamboa Galté, Diagnóstico del más allá contradecía el de los Doctores, http://fgamboag.wix.com/jaimegalte#!molar-infectado/c5tr

[149] Entrevista a Francisco Donoso, Silvio Caiozzi, "Historia de un médium", TVN, programa ¿Y si fuera cierto?, 1995.

[150] Francisco Gamboa Galté, Diagnóstico del más allá contradecía, *op. cit.*

[151] Piga, Arturo, *La Parasicología un enigma, op. cit.*, 236p.

[152] *Ibid.* 237p.

El Doctor Donoso recuerda que "era la primera sesión, el señor Galté se concentró profundamente... Parecía estar dormido... Empezó a respirar profundamente... ¡Y a escribir...! Y bajo la receta médica, apareció una firma: Doctor Halfanne. El Doctor Halfanne había muerto a principios de siglo en Bolivia[153]".

Prosigue su relato –el Doctor Donoso– señalando que:

> En seguida, me preguntó los síntomas que sentía y los remedios que había tomado, comenzando su examen. Me tomo el pulso con gran concentración y cuidado, aplicó su oído al corazón. Me palpó el abdomen, y luego dirigió su mano al cuello y a las regiones submaxilares. Me palpó con mucho cuidado la región de los dientes y el resto de la cara". Siempre bajo el estado de médium, Jaime Galté –o mejor, el Doctor Halfanne a través de Jaime Galté– tomó el lápiz nuevamente y escribió: "No tiene tuberculosis".

El Doctor Halfanne precisó que el origen de la enfermedad urinaria provenía de un molar infectado. Consultado el dentista, no encontró nada en el examen. Y le pareció superfluo recurrir al examen radiológico. Donoso recuerda que "en vista del presunto nuevo fracaso, volví a mi reposo y régimen anterior... A los pocos días en la base de un molar inferior, me apareció un pequeño punto purulento"[154].

Gamboa Galté narra que el Doctor Donoso regresó al dentista, donde fue constatada la infección y le extrajeron dos molares. Una de las piezas molares dejó al descubierto, gran cantidad de pus. Esa misma tarde, la orina aclaró, desapareciendo por completo en los siguientes días las molestias que experimentara el entonces estudiante.

El caso clínico fue presentado por el Doctor Bisquert con el título de "Piuris aséptica de causa Dentaria", en la Sociedad de Urología de Chile. Por cierto que el Doctor Bisquert ignoró por completo la intervención del Doctor Halfanne, a través de Jaime Galté[155].

> Hoy día, en que ellos ya no están en esta tierra, posiblemente se encuentren en posesión del verdadero secreto. Yo por mi parte,

---

[153] Francisco Gamboa Galté, Diagnóstico del más allá contradecía, *op. cit.*

[154] *Ibid.*

[155] Véase: Francisco Donoso, en el documental 'Historia de un médium' realizado por el cineasta Silvio Caiozzi y conducido por el escritor Gustavo Frías, para el programa de Televisión Nacional ¿Y si fuera cierto? sobre Jaime Galté, que se emitió el año 1995. http://fgamboag.wix.com/jaimegalte#!molar-infectado/c5tr

le estoy profundamente reconocido, así como a Jaime Galté Carré, abogado y profesor universitario distinguido, dotado de condiciones excepcionales que aplicó a mejorar dolencias físicas y espirituales en innumerables personas, sin perseguir el lucro en su vida ejemplar y que sirvió de guía a todos los que tuvieron el privilegio de conocerlo[156].

2.3.2. La niña de siete años

Uno de los sucesos más extraordinarios es el que relata el Doctor Brenio Onetto, siquiatra y parasicólogo amigo de Galté. El caso, que sucedió en los años cuarenta, afectaba a la hija de siete años de Luis Valencia Courbis, abogado y diputado conservador.

En gravísimo estado, la pequeña recibió el diagnóstico de Halfanne: infección generalizada y principio de meningitis, provenientes de focos infecciosos de un molar superior izquierdo. Superada la gravedad por los medicamentos recetados en la emergencia, poco después el dentista Carlos Valencia, tío de la niña, confirmó en las radiografías el diagnóstico: infección en un molar superior izquierdo[157].

2.3.3. Miguel Serrano y el desdoblamiento

Otro caso es el del escritor Miguel Serrano, que acudió a Galté por una parálisis sicosomática. "Apenas tratado, su mal desapareció. Pero el escritor no pudo agradecerlo: vio venir a Galté, y luego éste desapareció de su vista en la habitación. Galté en ese momento estaba a kilómetros de distancia"[158].

Carlos Mora Vanegas recuerda que le llamaba mucho la atención los otros dones de Galté, como el de experiencia fuera del cuerpo (OBE) que lo demostró en varias oportunidades, al desdoblarse para ir a atender a pacientes lejanos y diagnosticarles sus males y buscar cómo solucionarlos:

Tal fue el caso de un conocido nuestro, el diplomático y escritor Miguel Serrano, a quien Galté visitó desdoblado y como lo atestigua Serrano, acudió a Galté a visitarlo, por una parálisis. Apenas tratado, su mal desapareció. Pero el escritor no pudo agradecerlo: Galté desapareció de su vista en la habitación. Era su cuerpo astral el que le había intervenido[159].

---

[156] Piga, Arturo, *La Parasicología un enigma, op. cit.*, 239p.
[157] Carlos Mora Vanegas, Recordando a Jaime Galté, *op. cit.*
[158] *Ibid.*
[159] Carlos Mora Vanegas, Recordando a Jaime Galté, *op. cit.*

Miguel Serrano sostiene que:

> La profesión del médium era sumamente peligrosa porque ellos manejaban fuerzas que ellos no controlaban. Ellos no eran conscientes de esos poderes que manejaban. Y por lo general estos poderes se volvían al final en contra del propio médium que estaba gastando mucha energía, ya que vivían de esa misma energía. Por lo general estos médium terminaban o locos o gravemente enfermos[160].

2.3.4. Receta de tranquilizante y vitaminas a una embarazada

El médico suizo (que se manifestaba a través de Galté) tomaba la condición síquica de su paciente antes de recetar. Fue el caso vivido por su hija, Sonia, quién tuvo a dos hijos uno tras otro y que descubrió que podía estar embarazada de nuevo. Recuerda:

> Mi estado nervioso era terrible. Creía que se me venía el mundo encima y no podía soportar la idea de tener un tercero tan luego. Acudió al "Doctor" (como le decían a Halfanne en casa) para preguntarle si estaría embarazada. "Fue la única vez que pareció equivocarse", señala la hija de Galté. "Me dijo que no estaba embarazada y me recetó vitaminas y pastillas para los nervios"[161].

Sonia Galté recuerda que:

> Después, cuando supe que sí estaba esperando guagua tenía el ánimo tranquilo y acepté el hecho. Entonces, nos fijamos que las vitaminas y los calmantes nerviosos eran apropiados para un estado de embarazo. Creo ahora, que el Dr. Halfanne fue muy sabio en no decirme en ese momento la verdad que no estaba capacitada para recibir[162].

2.3.5. Diagnóstico de tumor al útero

Sonia y María Inés Galté, las hijas de Jaime, siguieron muy de cerca un caso. Relata Sonia:

> Nuestra peluquera de esos años, a quién conocíamos desde hace mucho, nos pidió ayuda en una ocasión. Había sentido molestias en

---

[160] Entrevista a Miguel Serrano, Silvio Caiozzi, "Historia de un médium", TVN, programa ¿Y si fuera cierto?, 1995.

[161] Francisco Gamboa Galté, Receta de tranquilizante y vitaminas a una embarazada http://fgamboag.wix.com/jaimegalte#!quienes-somos2/c11wk

[162] *Ibid*.

sus ovarios y fue a ver a su ginecóloga quién le diagnosticó un tumor uterino. Como la mujer no tenía dinero para operarse por su cuenta, acudió a un hospital donde los médicos negaron la posibilidad de tumor y recetaron un tratamiento. La mujer lo siguió, pero como continuaba sintiéndose muy mal, volvió a visitar a su ginecóloga quién le dijo que siguiera el tratamiento. Desesperada, la peluquera pidió que intercediéramos con mi papa para que la viera el Dr. Halfanne. Mi papa la examinó en trance y ratificó la opinión inicial de la ginecóloga. La mujer pidió prestado dinero, se operó por su cuenta y efectivamente era un tumor al útero y estaba ubicado exactamente en el lugar indicado por el espíritu[163].

Este mismo caso es relatado con bastante detalle en una entrevista realizada por la periodista Raquel Correa a la mujer afectada. A continuación se extrae parte de esta entrevista[164]:

> (...) En Mayo de 1963 acudí a una Doctora porque sufría de dolores internos. Al examinarme diagnosticó que padecía de una inflamación al ovario derecho. Me dio tratamiento con antibióticos e inyecciones, y después aplicaciones de ultratermia. Esto me alivio bastante, pero siempre siguieron las molestias, intensificándose éstas en octubre del mismo año.
>
> Volví donde la Doctora, y esta vez opinó que tenía un tumor en el fondo del útero, y que había que operar. Me mando al Hospital J.J. Aguirre donde la Doctora, de ese momento, quien no estuvo de acuerdo con el diagnóstico, pidiendo la opinión del director del departamento de ginecología del Hospital quién diagnosticó solo una inflamación al útero.

Pero la paciente (Sra. María de E.) no quedó tranquila. Consiguió que la viera Jaime Galté en trance. El diagnóstico de Halfanne fue: "Un mioma en el cuello del útero y debe operarse cuanto antes, tratándose con coagulantes". Además le encontró una afección pulmonar y focos dentarios en la mandíbula superior izquierda. La paciente tenía efectivamente un tratamiento dental interrumpido, comenzado por el Dr. René Greene. Junto con volver al dentista para finalizar su tratamiento, logró convencer a la Doctora que la operara.

---

[163] Francisco Gamboa Galté, Diagnóstico de tumor al útero: http://fgamboag.wix.com/jaimegalte#!manifestacion-de-esposa-fallecida/c1953

[164] Raquel Correa, Los mil prodigios del Mago Galté, El Mercurio, Santiago de Chile, 25 de septiembre de 1965.

Una semana después se hizo la intervención (el 14 de Noviembre de 1963 en la Clínica Central, donde ocupó la pieza B-17). Cuando volvió de la anestesia preguntó a la Doctora sobre el resultado de la operación. Esta le respondió: "Lo mismo que dijo el señor", agregando "El mioma estaba exactamente en el lugar indicado por él"[165].

Receta del Doctor Halfanne. Cedida por la familia[166].

---

[165] Francisco Gamboa Galté, Diagnóstico de tumor al útero: http://fgamboag.wix.com/jaimegalte#!manifestacion-de-esposa-fallecida/c1953

[166] *Ibid.*

2.3.6. Confirma y amplia diagnóstico médico de una niña de 3 años (1943)

España García de Sepúlveda, abogado y esposa de Julio Sepúlveda Ronda-
nelli, abogado y ex parlamentario durante varios períodos, cuenta que:

> Marcelita enfermó repentinamente. En 1943, tenía dos años y tres
> meses. Dos médicos diagnosticaron: pielitis y parotiditis. Don Jaime
> Galté era entonces mi profesor en la cátedra de derecho Procesal de
> la Universidad de Chile. En diversas oportunidades (entre mis compa-
> ñeros) escuche comentarios sobre ciertas condiciones especiales de
> mis distinguidos maestros. Mi marido (Julio Sepúlveda) también por
> su parte había oído estos comentarios...Julio era amigo de don Jaime.

España García señala que tiempo después, ante la gravedad de su hija, su
esposo habló con Jaime Galté en el diario la Nación. En esa oportunidad no
se habló del tratamiento a que mi hija estaba sometida, ni del diagnóstico
médico. Recuerda un hecho: "lo único que pareció interesar al médium, fue
la exacta ubicación de la cama de la niña en su dormitorio".

> A la mañana siguiente mi sorpresa no tuvo límites. Don Jaime me
> llamó por teléfono y me dijo: "Señora, la niña tiene pielitis y paroti-
> ditis y además un tifus... Hay que hacerle un examen de sangre". El
> diagnóstico del Doctor Eric Halfanne coincidió por completo con el
> de los pediatras que habían examinado a la niña, agregando además
> Tifus[167].

La incredulidad de la señora España García la llevo a interrogar a su marido.
Julio Sepúlveda afirmó que no había dado ningún informe a Jaime Galté
sobre la enfermedad diagnosticada, ni menos sobre los medicamentos. "A
la tarde siguiente, insinué al médico pediatra la conveniencia de hacer un
examen sangre a Marcelita... le dije que a lo mejor tenía tifus". El médico
como medida adicional hizo el examen. Este indicó: tifus.

Jaime Galté, días después, llamó nuevamente por teléfono y le dijo que las
defensas de la niña estaban al mínimo. "Dio indicaciones, las que yo por
supuesto seguí al pie de la letra, mejorando posteriormente su estado".

---

[167] Francisco Gamboa Galté, Galté confirmó y amplió diagnóstico médico de una niña de 3
años, http://fgamboag.wix.com/jaimegalte#!tifus/c1xak

2.3.7. *El caso de la familia Valencia Avaria*

A un año de la muerte de Galté el año 1966, en un artículo del diario *El Mercurio*[168] –que formaba parte de los archivos del escritor Joaquín Edwards Bello– el periodista José Luis Recart describe una de sus sanaciones más documentada:

> El joven médium entró a la habitación. Era un muchacho alto, muy delgado, de mirada bondadosa y aspecto inteligente. Se le atribuían milagrosas curaciones, y una decena de personas aseguraban deberle la vida. Sin embargo jamás había estudiado medicina. Su profesión era la de abogado, en la que recién había recibido su título. Apenas frisaba en los treinta años y era ya admirado por centenares de personas: diplomáticos, médicos, políticos, intelectuales. Se llamaba Jaime Galté[169].

Esa noche había sido llamado por la familia Valencia Avaria, cuya hijita de siete años, María Graciela, se hallaba gravemente enferma. Médicos eminentes habían luchado por acertar con un diagnóstico y salvarle la vida. En los momentos en que don Luis Valencia Courbis, diputado del Partido Conservador por Valparaíso, había solicitado la ayuda de Galté, la niña había empeorado mucho, tenía fiebre altísima, dolores agudos y ya casi no recibía alimentos. Fue don Julio Ortúzar quien introdujo al médium en el cuarto de la pequeña.

Toda la familia estaba allí, ansiosamente reunida, y habían preparado una mesa con papel y útiles de escribir. Asistían a la "consulta" dos médicos de nota: los Doctores Raimundo Labatut y Leonidas Corona.

Galté tomó asiento frente a la mesa. Entrecerró los ojos, relajó todos sus músculos y pareció ausentarse mentalmente. De pronto su rostro se contrajo, como experimentando una sensación dolorosa, y luego cayó en un trance profundo. Fue entonces que el lápiz que tenía cogido entre sus dedos comenzó a girar sobre el papel, en redondo, alrededor de un punto. En seguida algunas palabras fueron escritas rápida y nerviosamente. Decían: "Buenas noches. (Firma) Dr. Halfanne*"[170]*.

---

[168] José Luis Recart, Jaime Galté, un médium de excepción, El Mercurio. Santiago de Chile, 11 de septiembre de 1966, 8-10p..

[169] Francisco Gamboa Galté, El caso de la famila Valencia Avaria - Galté salva niña de 7 años http://fgamboag.wix.com/jaimegalte#!salva-nia-de-7-aos/c1gx

[170] *Ibid.*

Tras unos instantes de dolorosa expectación, el médium comenzó una escritura vertiginosa. Las palabras eran unas pocas preguntas acerca de la alimentación de la niña, su temperatura, exámenes realizados, etc. Los parientes de María Graciela y los médicos presentes dieron pronta respuesta, en voz alta, a esas preguntas. Sin más preámbulos el joven, todavía profundamente dormido, escribió sin vacilación alguna el diagnóstico y tratamiento que transcribimos textualmente:

> Lo que la niña tiene es una infección general de *colis bacilus* y un principio de meningitis. Hay que examinar las deyecciones y preparar de ellas una autovacuna. Debe revisarse también su dentadura, pues tiene focos infecciosos en los molares superiores izquierdos. Suminístresele vacunas anticoli 4 a 6 veces al día, del Instituto Massone. Suero glucosado con adrenalina dos veces al día. Hay que desinfectar cuidadosamente la boca y encías con miel de bórax y Lacteol líquido. Para su alimentación prefiero jugo de zanahorias, agua de avena con azúcar. Soxhel en abundancia y sopas de verduras que no contengan acelgas y tomates[171].

Cuando concluyó de escribir, un familiar preguntó al médium si la niña se salvaría. "La respuesta fue: 'Si andan rápido, sí'. –¿La volverá usted a ver? 'Sí. Dentro de dos días'"[172].

Hecho esto, aún dormido y con los ojos cerrados el joven Galté se acercó al lecho de la enfermita y la examinó con detención, como lo hubiese hecho un médico avezado y con largos años de experiencia. Minutos después, salido ya del trance, se marchó. "Los médicos, con el ceño fruncido, declararon que tanto el examen como el tratamiento prescrito eran perfectamente científicos"[173].

Dos días más tarde el médium regresó y se repitió la escena anterior. Pero para entonces la paciente parecía más grave que nunca y ya se desesperaba de salvarle. La conclusión del invisible Halfanne, no obstante, asombró a todos:

> La encuentro mucho mejor, aunque haya aumentado la irritación de las meninges. Por lo pronto no cambio nada. Autovacuna día por medio. Esto hará crisis en tres días más. Vivirá[174].

---

171 *Ibid.*
172 *Ibid.*
173 *Ibid.*
174 *Ibid.*

Todo se cumplió exactamente como Galté había pronosticado. María Graciela tenía infección en los molares superiores izquierdos; sufría un principio de meningitis; entró en crisis a los tres días indicados; los medicamentos prescritos hicieron su efecto y comenzó a experimentar una mejoría notable. En pocas semanas quedó restablecida en forma perfecta.

De todo lo que antecede dan fe los médicos que asistieron a aquellas reuniones, doña Blanca Avaria de Valencia, la propia María Graciela y su hermano Luis Valencia Avaria, que en aquel tiempo tenía 14 años. "Aquel niño, que durante la enfermedad de su hermanita llevó un diario muy detallado acerca de todos los sucesos (lo que hoy constituye un precioso documento de estudio), es ahora un alto funcionario del Senado de la República y distinguido miembro de la Academia Chilena de la Historia"[175].

> "Del natural asombro exteriorizado por los médicos puede exceptuarse al Dr. Leonidas Corona, a quien el hecho no sorprendió como al resto, pues hacía muy poco : ¡Jaime Galté había salvado la vida de su propia esposa!"[176].

¿Cómo un hombre (casi un muchacho todavía) que nada sabía de medicina y cuya profesión lo alejaba de las ciencias puede lograr hechos inexplicables? Hasta hoy es un misterio y presumiblemente seguirá siéndolo[177].

2.3.8. Ponen a prueba a Galté con sorprendentes resultados

El Doctor Jorge Vigouroux, médico chileno e investigador del Instituto Pasteur de París, Francia, "decidió poner a prueba a Galté, conociendo el diagnóstico inicial de un enfermo"[178].

> Se puso a escribir el mismo diagnóstico que me había hecho el médico gastroenterólogo y las mismas sugerencias terapéuticas. Y esto me sorprendió enormemente y me dejó pasmado, "qué cosa más extraña: un médico de primera categoría me indica un tratamiento y ahora un abogado viene a decirme las mismas cosas. Siempre me provocó no espanto, pero una admiración tremenda y casi desconcierto a veces, nunca pude entenderlo esto[179].

---

[175] *Ibid.*

[176] *Ibid.*

[177] *Ibid.*

[178] Francisco Gamboa Galté, Ponen a prueba a Galté con sorprendentes resultados: http://fgamboag.wix.com/jaimegalte#!ponen-a-prueba-a-galt/c1zhl

[179] *Ibid.*

En varias ocasiones Galté rectificaba diagnósticos médicos erróneos, como cuando durante un trance, y en un único arranque de enojo del espíritu de Halfanne, habría escrito: "¿Quién fue el imbécil que diagnosticó tumor? La señora está embarazada"[180].

2.3.9. Relatos del Doctor Roberto Infante Yávar

Otro médico entregó su testimonio sobre este hombre fuera de lo ordinario que podía ver y resolver por sobre la medida de lo humano. Se trata del Doctor Roberto Infante Yávar, quien escribió en la *Revista del Colegio Médico* en 1986, sus *"Recuerdos de un médico"*[181], los que merecen ser retranscritos en su totalidad:

> Hace muchos años fui médico pediatra de 2 niñitas, hijas de Jaime Galté, distinguido abogado, viudo y de temperamento muy nervioso frente a las enfermedades de sus hijas, pues tenía que desempeñar el rol de padre y madre en sus cuidados. Por otra parte carecía del más mínimo conocimiento médico, dicho como preámbulo, para comprender mejor sus actuaciones, que a continuación expondré[182].
>
> A una señora que padecía de una Neuralgia del Trigémino, le indicó un medicamento que no se encontró en Santiago, pero él le dio la dirección de una farmacia en París donde lo adquirió.
>
> A un colega mío que padecía de una afección renal, le aconsejó hacerse un Constante de Ambard, prueba de funcionalismo renal, que requiere un gran despliegue matemático, después del cual se obtiene un índice normal de 0,007. Al mostrarle el resultado en la sesión siguiente, lo rechazó por existir, según él, un error matemático. Se devolvió el informe al Laboratorio y efectivamente así era[183].
>
> En una ocasión en que a mi hijo mayor de 3 años de edad, de constitución muy delgada, se le hizo una radioscopía de tórax que reveló una sombra sospechosa de Adenopatía, mi esposa muy alarmada consultó (a través de Galté) al Dr. Halfanne, quién descartó el diagnóstico de Tuberculosis. Efectivamente la reacción de Mamioux fue

---

[180] *Ibid.*

[181] Roberto Infante Yávar, Roberto, Recuerdos de un médico, Revista del Colegio Médico, Santiago de Chile, 1986, 81p.

[182] Francisco Gamboa Galté, Relatos del Doctor Roberto Infante Yávar http://fgamboag.wix.com/jaimegalte#!Doctor/c13xb

[183] *Ibid.*

negativa, llegándose al diagnóstico de "Hiperplasia de Timo" la que fue tratada con radioterapia, desapareciendo dicha sombra[184].

Todas estas actuaciones de Jaime Galté, las ejercía en el seno de amigos íntimos y si llegaba a hacerlo fuera, era a pedido por alguno de nosotros. Por cierto que jamás obtuvo un beneficio pecuniario de ellas[185].

La oportunidad en que tuve mayor contacto con el Dr. Halfanne, a través de Jaime, fue en el caso de una leucemia aguda que afectó a un joven de 30 años a quién yo conocí. La enfermedad había comenzado por una pleuresía hemorrágica y los exámenes complementarios y el diagnóstico fueron enviados a Francia, donde no hicieron ningún reparo. Su esposa, muy alarmada, me pidió que intercediera con Jaime para consultar al Dr. Halfanne. Accediendo a su petición tuve una junta con él en el domicilio del enfermo en Moneda próximo a Almirante Barroso. Al lado de la cama del enfermo se colocó una mesa con un block, lápiz y un vaso de agua. Ambos nos sentamos frente a frente. Después de varios minutos de concentración con los ojos cerrados, entró en trance, cogió el lápiz y escribió en el block:

"Doctor Halfanne ¿de qué se trata?", le hice el relato de la historia clínica, le mostré los exámenes hematográficos y la radiografía de tórax, los que observó con mucho interés, manteniendo siempre los ojos cerrados. Después se levantó e hizo un examen clínico completo del enfermo. Volvió a la mesa y escribió lo siguiente:

"No se puede descartar la existencia de un sarcoma en el pulmón". Le respondí que los exámenes hematográficos eran muy concluyentes y que si existiera un sarcoma, no podría pensarse en una intervención quirúrgica ya que el enfermo sangraba espontáneamente. Hasta aquí llegó su intervención, aprobando todo lo que se había hecho. Al volver a la normalidad, bebió el vaso de agua y se notaba muy agotado. El paciente falleció un mes después. Lo interesante de este relato es el dominio que el Dr. Halfanne tenía sobre la Constante de Ambard a principios de siglo, en circunstancias que fue empleada muchos años después[186].

Otros hechos también llaman la atención: la letra de su firma es totalmente diferente a la de Jaime Galté. La acuciosidad de su examen

---

[184] *Ibid.*
[185] *Ibid.*
[186] *Ibid.*

clínico, el que responde sólo a un buen médico y el pensar que podría tratarse de un sarcoma del pulmón. Hoy día se considera que toda forma de leucemia que se anuncia con una pleuresía hemorrágica es sintomática de un sarcoma, como lo planteó el Dr. Halfanne hace tantos años[187].

Con el paso de los años, al parecer Galté comenzó a alternar estas sesiones y diagnósticos en cuerpo presente y utilizaba otro método, más misterioso aún. Esto es, la visita en calidad de espíritu, ánima, en "cuerpo astral" dirán algunos. Los testimonios coinciden todos: le bastaba hablar, incluso por teléfono, con el enfermo, pedir un plano-dibujo del hogar respectivo, especialmente de la ubicación del dormitorio, y después decía simplemente "iré a verlo", sin hacer alarde alguno[188].

Un relato espeluznante de dichas visitas queda consignado en una entrevista efectuada por la periodista Raquel Correa al abogado Homero Zuñiga Riveros, a pocos días de la muerte de Jaime Galté el 1° de noviembre de 1965. También se hace referencia a este caso en el texto escrito por el masón José Bravo Llantén. Zuñiga Riveros conoció a Galté en un juicio en que éste último era el árbitro y el primer abogado de una de las partes. En los años 50 el abogado Zuñiga se vio aquejado por una parálisis progresiva que comenzó en los pies y llegaba ya a sus piernas.

> Estaba desesperado ante la impotencia de la medicina ortodoxa: Consulté a cuanto neurólogo existe en Chile. En uno de los comparendos, Jaime Galté me preguntó por qué arrastraba los pies. Le respondí que ningún médico podía descubrir mi enfermedad. Me dijo "yo lo voy a ir a ver". Me extrañó su frase y la interpreté como una simple cortesía. Yo era absolutamente incrédulo y materialista. Pasaron dos o tres meses y mi mal continuaba en progresión. Lo volví a encontrar y le pregunté cuándo me iba a ir a ver. Me prometió que lo haría. Yo vivía en esta misma casa, en Padre Mariano 187, y estaba haciéndole arreglos, por lo que me trasladé a un cuarto del fondo, porque el resto estaba en demolición y mi mujer con los niños fueron a casa de su madre. Llegué tarde esa noche, fue en 1954. (…) En mi pieza me tomé una pastilla para dormir y comencé a leer[189].

Así sigue la entrevista hecha por la periodista Raquel Correa:

> Llevaba una hora por lo menos leyendo cuando de pronto tengo la sensación de sufrir una especie de vahído, entre sueño y pesadez, y

---

[187] Ibid

[188] *Ibid.*

[189] *Ibid.*

al mismo tiempo siento que me destapan la ropa de la cama desde los pies y me la echan hacia la cara. Aletargado como estaba, lucho por abrir los ojos. Un frío como de hielo me pasa por las piernas. Abro los ojos. La revista está en mis manos. La ropa de cama no se ha movido. Miro por la ventana para ver si está cerrada. Todo está en orden. Vuelvo a sentir lo mismo. La ropa, el hielo en mis piernas. Trato de abrir los ojos y por primera vez en mi vida siento miedo. Siento la impotencia de estar ante algo que no sé lo que es. Permanecí toda la noche con la luz encendida. A las 6 de la mañana desperté. Llegué al alba al Banco. Los mozos hacían el aseo. A las 10.30 de la mañana me llaman por teléfono. Es Galté. 'Le tengo noticias de su enfermedad', me dice. Casi me morí de impresión. Al otro día almorcé con Galté. Me dio su diagnóstico: un virus filtrable primo hermano del polio era el causante de mi parálisis. 'Está metido en su organismo —me dijo—. Si sigue hacia arriba, llegará a los riñones y usted morirá. Debe curarlo pronto. Pídale a un médico amigo que le saque sangre y le prepare un suero con ella. Póngase quince inyecciones de ese suero día por medio'. Le anticipó también, que no podría recuperarse del todo, pero que la enfermedad se detendría con el tratamiento y con ejercicios lograría cierta mejoría. Galté debió responder una andanada de preguntas del incrédulo paciente. Le dijo que le bastaba conocer el físico de una persona, y que estuviera ésta en China o Japón, en cualquier parte del mundo, podía visitarla en espíritu aún sin saber dónde vivía. (…) El abogado Zúñiga pidió a su colega que cuando terminara, volviera a visitarlo. 'Pero por favor no en la misma forma —le rogó—, me sanará la parálisis, pero me va a matar del corazón'. Otra noche, cuando ya estaba toda la familia en casa, volvió a visitarme —sigue recordando vívidamente—. No percibí nada. Mi mujer asegura que ella vio una luz… Al día siguiente me llamó y me dijo: 'Volví a visitarlo. El virus desapareció. Haga ejercicios'. Desapareció la rigidez total que me aquejaba, incluso puedo mover los dedos de los pies[190].

Con esa misma sencillez y entrega, Galté era receptivo a las solicitudes de sus amigos o de desconocidos, ante enfermedades graves o sencillas dolencias, como la acogida a los comentarios que le hizo su amigo Hugo Pereira un día, mientras caminaban por el Parque Forestal desde la Escuela de Derecho de la Universidad de Chile ubicada en Pío Nono a las oficinas de la Contraloría en la calle Teatinos, donde ambos trabajaban. Hugo Pereira recuerda a sus 92 años:

---

[190] *Ibid.*

> Una vez le manifesté cierta preocupación porque estaba durmiendo mal, me sentía tenso. Entonces me pidió que le dibujara en un papel el plano de la casa donde yo vivía y donde estaba mi dormitorio. Le dibujé el lugar donde estaba mi pieza que estaba en una casa en la calle Bustos y nada más. Se lo guardó en el bolsillo. No me dio ninguna explicación ni me agregó nada. A los pocos días en la Contraloría me dijo: "Hugo lo fui a ver anoche". Ni le pregunté cómo me fue a visitar, entendí que lo había hecho con sus facultades extrasensoriales. Me recomendó tomar Calcibronat. Y naturalmente fui a la farmacia y tomé una tableta de bromuro con calcio efervescente antes de dormir durante unos días. Era un problema de tensión, simplemente. Él se ofreció en forma espontánea y así actuaba muchas veces[191].

De acuerdo a este colega, de la Cátedra de Derecho Procesal y del órgano fiscalizador, "un famoso médico español –Gregorio Marañón– vino a Chile, especialmente para saber de este fenómeno, conocer a Galté y llevárselo a España para hacer un estudio. El intento habría fracasado por el estallido de la guerra civil en España en1936."[192].

En un artículo de prensa se sostiene que el descubrimiento que hiciera Galté-Halfanne en una enferma, de una grave afección renal que nadie sospechaba, fue conocido en España por Marañon, quien habría expresado "por escrito su admiración, aclarando que en un comienzo había creído que se trataba del trabajo de un prestigioso colega chileno…"[193].

En el artículo de Liliana Mahn se señala que Galté participaba en juntas de médicos para casos complejos y con mucha frecuencia el Dr. Halfanne recetaba medicamentos y compuestos que no existían en el mercado nacional o extranjero pero que ya se conocían en los laboratorios: "–De repente a las personas que los pedían los miraban muy raro, creyendo que eran "espías industriales", dice Sonia, sonriendo al recordar una receta que ella misma encargó a un piloto amigo para su esposo Sergio"[194].

2.3.10. Relatos de Silva Cimma

Enrique Silva Cimma recuerda que había unos personajes que eran de gran nivel, de gran jerarquía que practicaban el espiritismo, como don Enrique

---

[191] *Ibid.*
[192] *Ibid.*
[193] *Ibid.*
[194] Liliana Mahn, Jaime Galté: Mensajero del más Allá, op.cit., 60-64p. *Ibid.*

Bahamondes[195] que fue Contralor General de la República antes que él y Humberto Cantuarias, secretario de la División Jurídica de la Contraloría. Ellos lo invitaron a unas sesiones de espiritismo, lo que para el abogado era verdaderamente fascinante y en esos encuentros conoció a Jaime Galté.

Enrique Silva Cimma recuerda que había un integrante de su equipo de trabajo en la contraloría, don Roberto Benfeld, don Benfo, quien era un aristócrata austríaco que, "por algún designio extraño del destino recaló en estas costas"[196]. Benfeld tenía además características que sobrepasaban sus funciones. "Conocía de grafología, tenía estudios esotéricos, sabía de música, de parasicología. Por esos años su afición definida era el espiritismo"[197].

El ex canciller evoca que "es difícil decir qué es lo que hace que la gente mire más allá de lo aceptado como normal. Es posible que sea la búsqueda de la trascendencia. O la simple curiosidad, como en mi caso"[198].

Silva Cimma señala que Cantuarias y don Benfo estaban profundamente involucrados en las prácticas del espiritismo.

> Y como pasábamos muchas horas juntos, yo fui escuchando historias que, al comienzo, me sorprendieron, después me inquietaron y luego me atrajeron hasta el punto que cuando Cantuarias me preguntó sí me interesaba ir a una sesión, la respuesta fue un rápido y rotundo sí[199].

Una vez, recuerda Silva Cimma, en una hermosa casa señorial en el Parque Forestal, participó en su primera sesión de espiritismo con el médium Daniel Acuña.

> El primero en aparecer fue Eugenio González, quien años más tarde se transformaría en rector de la Universidad de Chile.Nuevo timbrazo. Entraron Enrique Bahamondes, que en ese momento era fiscal de la Contraloría, y José Luis Bioti, otro funcionario de la jefatura media del servicio, que cumplía la misión fundamental de dormir al médium[200].

---

[195] "Se trataba de una persona culta, unos quince años mayor que yo, extraordinariamente inteligente y algo desordenado. Kabía egresado de Derecho, pero no se decidió a enfrentar las últimas obligaciones que demandaba el título". Enrique Silva Cima, Memorias privadas de un hombre público, Santiago, Editorial Andrés Bello, 2000, 115-116p.

[196] *Ibid.* 119p.

[197] *Ibid.*

[198] *Ibid.* 120p.

[199] *Ibid.*

[200] *Ibid.* 120-121p.

Un tiempo después, el ex contralor de la República rememora que algunos de las personas ligadas al espiritismo lo sorprendieron por sus cualidades intelectuales y científicas. Uno de ellos fue Jaime Galté:

Un honorable profesor universitario de Derecho, que comenzaba a ser conocido por sus extraordinarios diagnósticos y tratamientos de diferentes enfermedades. "Por varias razones, Galté jugó un papel importante en mi vida"[201].

Otro participante de las sesiones de espiritismo fue el gran diseñador nacional, Luis Fernando Rojas de *La Lira Chilena*.

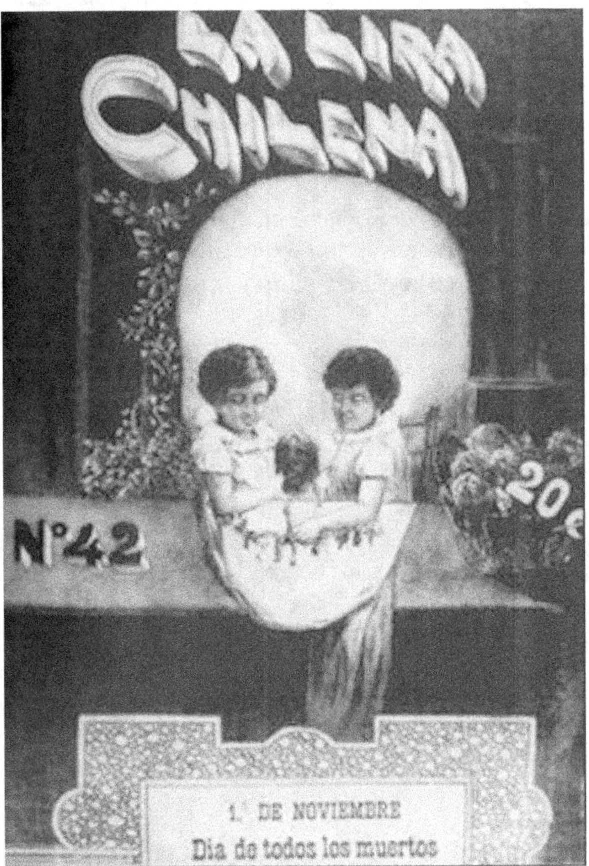

Ilustración de Luis Fernando Rojas. Memoria Chilena.[202]

---

[201] *Ibid.* 126p.
[202] Portada de *La Lira Chilena*, N°42, Año VI, 1904: http://www.memoriachilena.cl/archivos2/pdfs/MC0061516.pdf

En su libro *El Chicho Allende*, el periodista Carlos Jorquera[203] corrobora:

> El Presidente Frei sabía que, en casa del Contralor General de la República, Enrique Silva Cimma, tenían lugar sesiones de espiritismo, en un clima de absoluta reserva y de gran respeto. Como, por lo menos, una vez a la semana el Contralor Silva se entrevistaba con el Presidente Frei, fueron numerosas las ocasiones en que ambos comentaron los detalles de estos verdaderos acontecimientos privados y de sus extraordinarias repercusiones[204].

Además, Silva Cimma evoca que conoció a Galté el 11 de noviembre de 1943, cuando ingresó, a la edad de 25 años, a la masonería. "Quien me recibió en la solemne sesión fue precisamente Galté, el Venerable Maestro de la logia a que me integraba. La primera imagen que tengo de él es una cara delgada, angulosa, en la que unos ojos azul intenso, cubiertos por anteojos de vidrio grueso eran como un poderoso imán"[205]. Posteriormente se encontrarían en la Contraloría.

El ex canciller evoca que Jaime Galté era un extraordinario canalizador, ni siquiera necesitaba a alguien que lo hiciera dormir. Entraba solo en trance y se encarnaba en él diversos espíritus: aunque el más conocido era un doctor de apellido Alphane (sic)[206].

> En muchas oportunidades participé en sesiones con Jaime. Por eso no me resultó descabellado cuando el ginecólogo, doctor Leoncio Lizana, que atendía a mi esposa en su segundo embarazo, sugirió que habláramos con Galté. Nena había tenido que permanecer en cama durante siete meses para retener a María Elena, nuestra primera hija. Se produjeron dos pérdidas y ahora nuevamente estaba embarazada. El doctor Lizana con razón, estaba preocupado al comprobar síntomas de aborto[207].

Silva Cimma afirma que la conversación con Galté fue desconcertante al comienzo. Le preguntó detalles de la distribución de la casa. Él había estado en ella, pero ahora se interesaba por las puertas de los dormitorios, el lugar en que se encontraba el pasillo, etc. Al día siguiente:

---

[203] Carlos Jorquera, *El Chicho Allende*, Santiago de Chile, Ediciones BAT, 1990.
[204] Catalina Uribe Echeverría, El cuerpo presente de Jaime Galté Carré, *op. cit.*, 15p.
[205] Enrique Silva Cima, Memorias privadas, *op. cit.*, 126p.
[206] *Ibid.* 127p.
[207] *Ibid.*

Me dijo que había estado en mi casa y que el doctor Halffane recomendaba cama, por el momento, y que luego le colocaríamos a Nena unas inyecciones. Ante cualquier eventualidad, reposo absoluto. No había para qué hacer más averiguaciones. Si el cuerpo astral de Galté había estado en mi casa, era algo que sólo él sabía[208].

Silva Cimma sostiene que aquel mismo día su mujer le comentó que había pasado una noche sobresaltada y dormido poco. Agrega que la reacción del doctor Lizana al leer la receta que le había entregado Galté fue desconcertante. Las inyecciones él las conocía porque durante el último curso que tuvo que hacer en Estados Unidos se había enterado de su existencia. El médico sostuvo que incluso había colocado algunas pero no habían llegado a Chile.

El ex canciller señala que se siguió el tratamiento tal como ordenó Galté, encarnado en Halffane y el embarazo no fue tan complicado como se pensó en un principio.

Otro caso del que puede dar fe Silva Cimma reviste gran dramatismo y se refiere a la tremenda situación que vivía el matrimonio Silva-Marfán luego del nacimiento de su único hijo hombre, Enrique, a fines de los años 40, el que, recién nacido, fue víctima de una negligencia médica y quedó con daño cerebral, en estado vegetal[209]. Cuando Enriquito tenía un año el doctor Latorre y el doctor Valle:

> Me propusieron que viera a Galté. Jaime era muy conocido en los círculos médicos, lo respetaban. Ellos me pidieron autorización para que fuera un profesor argentino que no podía creer que existiera esto, que quería ver. En total asistieron cuatro médicos a esta sesión, el Doctor Latorre, el Doctor Valle, el Doctor Contreras Villalón –segundo cirujano, después del famoso Doctor Asenjo del Hospital Psiquiátrico– y el médico argentino, junto a mi mujer, Jaime Galté y yo. Galté cayó en estado de hipnosis. Cuando se materializó el Doctor Halfanne en su cuerpo, Latorre le explicó cómo se encontraba el niño que estaba acostado en la cama nuestra, grande, completamente dormido. Galté en trance se paró, se acercó al pequeño y empezó a examinarlo[210].

> Fue un examen notable. Cuando hacía estas cosas se le ponían unos ojos etéreos y examinaba al niño como un médico que está hacien-

---

[208] *Ibid.* 128p.

[209] Francisco Gamboa Galté, Relatos de Silva Cimma: http://fgamboag.wix.com/jaimegalte#!silva-cimma/cneo

[210] *Ibid.*

do un examen clínico. Lo dio vuelta, lo escuchó, le abría los ojos, le movía los brazos, era un examen clínico profundo. Luego se puso a escribir algo de este orden: el niño tiene una afección en el oído medio que le interrumpe y le impide el poder escuchar. Además tiene una afección a la vista que es indispensable que se le examine, porque ciertamente el niño no está viendo[211].

En seguida tiene una afección grave al cerebro que se materializa en un tumor y una alteración en la masa encefálica del lado izquierdo. Aconsejó en primer lugar hacer el examen de vista y de oído, además de eso, hacer una intervención previa, una frenoparálisis. Y había que abrirle la cabeza, trepanarlo, en una operación complicada, larga pero que era la única manera de buscar la posibilidad de una recuperación, sacando la parte dañada del cerebro. Mirar a mi hijo de un año entonces fue una tremenda conmoción, sobre todo porque no me imaginaba aquello del oído y de la vista. Con la Nena –mi mujer– teníamos siempre la duda que pudiera ver porque miraba de una manera vaga. La reacción de los médicos fue impresionante, se quedaron paralizados, el argentino decía que era lo más extraño que había visto, pero que no tenía ninguna objeción al diagnóstico. Reconocían todos que era un examen médico extraordinariamente bien hecho. El médico que veía al niño siempre no se explicaba cómo en los cuatro encefalogramas que se le habían practicado al pequeño se veían cosas difusas en el cerebro, pero no aparecía un daño en la masa encefálica del lado izquierdo. Estuvieron de acuerdo en operar y le entregaron al Doctor Contreras, que era jefe de siquiatría del Hospital Van Buren en Valparaíso, toda la responsabilidad de la operación. Contreras dijo "opero sobre la base de estos antecedentes entregados por Galté" y así fue[212].

Lo primero que hicimos fue llamar a un oftalmólogo que corroboró lo diagnosticado. Contreras hizo la frenoparálisis, que era una operación preparatoria, y después le hizo la trepanación, una operación de 9 horas[213].

Efectivamente apareció el daño en la masa encefálica del lado izquierdo, contrariamente a lo que decían los exámenes. Fue tremenda esa operación, estuvimos todo ese día en el hospital. Desde el punto

---

[211] *Ibid.*
[212] *Ibid.*
[213] *Ibid.*

de vista médico, la operación fue un éxito pero los especialistas no se atrevían a anticipar nada.[214]

> Mi hijo estuvo como un mes y medio en el hospital Van Buren. Al mes se comprobó que no había tenido los resultados esperados: se había solucionado lo de la vista y lo del oído pero respecto de lo del cerebro no había nada que hacer. El niño vivió cuatro años más. A los cinco años se le paralizaron los reflejos de succión, su capacidad alimenticia, y se murió. Fue tremendo. Tuvimos que afrontarlo con gran coraje[215].

Enrique Silva Cimma recuerda, además, con mucha consternación y sentimiento de tristeza, otro episodio ocurrido tiempo después y que se relaciona precisamente con su hijo fallecido a corta edad:

> Un día éramos tres o cuatro en el departamento de Jaime Galté que quedaba en San Antonio, esquina con Agustinas. Estaba Horacio Hevia que a la sazón era el secretario jefe del Senado, y dos o tres profesores más de la Escuela de Derecho. Tuvimos una reunión de espiritismo. De repente Jaime se quedó dormido, él tenía esa particularidad muy poco común, él caía en estado de hipnosis solo. Tenía unos anteojos gruesos, se sentaba, se sacaba los lentes y se concentraba. A los cinco minutos estaba durmiendo. Y entonces aparecían varias personalidades, espíritus, con los cuales se conversaba por intermedio de él. Jaime entró en trance y empezamos conversar con un inglés que hablaba en un castellano medio inglesado, llamado Lowe. Al final dice, 'me voy a retirar porque estoy un poco cansado y además hay una personalidad menor que quiere manifestarse, un espíritu poco desarrollado, al parecer podría ser pariente de uno de ustedes'. Entonces se retira Lowe. Jaime hace amago de querer hablar y no puede. No puede porque ese otro espíritu era una entidad menor. Yo estaba sentado al lado derecho de él y le pasé un bloc de papel. Galté se pone a escribir muy rápido y redacta una carta que tengo aquí, escrita con lápiz mina en papel de borrador hace más de 66 años.

La carta, que se encuentra plastificada en posesión de la familia de Silva Cimma, y que este ex contralor trataba con un especial cuidado y emoción, tiene el siguiente texto escrito:

---

[214] *Ibid.*
[215] *Ibid.*

"Enrique, he estado cerca de ti y te he acompañado en tus momentos significativos. Tu niño lo recibí yo y está feliz ahora y evolucionando. Yo jamás me imaginé que esta vida de ultratumba fuera tan portentosa, para mí que no tenía creencia en ella, fue una gran revelación. Abrazo a Nena y uno muy fuerte de Armando".

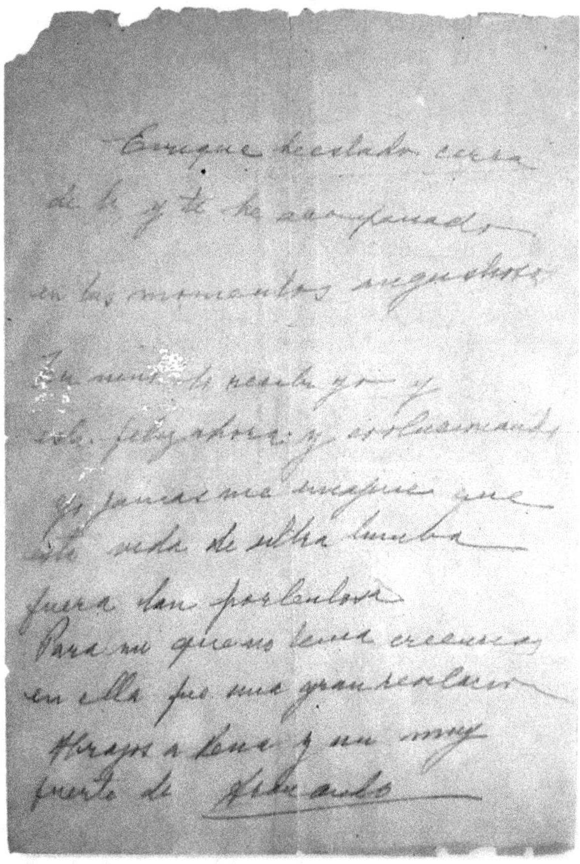

Armando Silva Valenzuela, quien fuera Gobernador en Atacama y Ñuble, Alcalde de Santiago y Director de Investigaciones, era el padre de Enrique Silva Cimma y había muerto unos años antes. El niño al que hace referencia esta carta era el hijo de 5 años de Enrique Silva Cimma, que había muerto un año atrás. "Se me cerró la garganta de la impresión", explica Silva Cimma, "nos pusimos a comentarlo con los presentes. La letra era muy parecida a la de mi padre. Sobre todo poseía algo que es para mí inconfundible y que siempre me llamó la atención: cómo mi padre escribía la letra A de su nombre, con una vuelta muy particular", recuerda con cariño este hombre público, senador y ex-ministro de relaciones exteriores.

Galté tenía una especie de sentido del humor pero que lo reflejaba muy poco. Era difícil ver a Jaime sonriendo, y se contaban anécdotas en la escuela, que provenían un poco de que se sabía que él tenía unas condiciones que se consideraban semiocultas. Estas condiciones se materializaban en que cuando tomaba exámenes de licenciatura, los muchachos decían que Jaime los empezaba a mirar tan fijamente que empezaban a quedarse dormidos. Entonces se les creaba bastante "terror" el ser examinados por Jaime hasta que se daban cuenta que Jaime era "un pan de Dios"[216].

Relacionado con lo anterior está esta anécdota que cuenta Gustavo Frías. El escritor recuerda que en ese tiempo estudiaba leyes. Jaimé Galté era el presidente de la Comisión de Derecho Procesal. Me dijeron que en sus exámenes pasaban cosas raras y fui. Esa oportunidad no fue la excepción. Frente a una pregunta bastante difícil el alumno se quedó pensando. Estoy seguro que en ese momento Don Jaime Galté pudo leer los pensamientos de ese alumno. Galté dijo: Dígalo joven. Dígalo que, está bien. Lamentablemente esa fue la única vez que lo vi en persona[217].

Enrique Silva Cimma señala que realmente que lo que sucedía con Galté:

Era una cosa que emanaba de una condición especial que no podía ser precisada por los cinco sentidos y que en consecuencia naturalmente tenía que ser analizada según un prisma distinto. Tal vez la garantía está en decir que a nosotros nos tocó ver esto, nos tocó observarlo[218].

2.3.11. Tratamiento de úlcera con medicamento que no existía en Chile

A Galté no le gustaba ver a su familia con los "ojos del Dr. Halfanne". Su hija Sonia, logró convencerlo una vez de que examinara a su niña mayor (Sonia María) que sufría de una bronquitis rebelde. El abuelo accedió. Al día siguiente le dijo que lo de Sonia María no era nada serio, pero agregó:

También vi a Sergio (el yerno) y él me preocupa. Va a sufrir un ataque de hemorragia a causa de las úlceras. Deben encargar a Estados Unidos tal remedio que acaba de aparecer[219].

---

216 Entrevista a Enrique Silva Cimma, Silvio Caiozzi, "Historia de un médium", TVN, programa ¿Y si fuera cierto?, 1995.

217 Entrevista a Gustavo Frías, Silvio Caiozzi, "Historia de un médium", TVN, programa ¿Y si fuera cierto?, 1995.

218 Entrevista a Enrique Silva Cimma, Silvio Caiozzi, "Historia de un médium", *op. cit.*

219 Raquel Correa, Los mil prodigios del Mago Galté, *op. cit.*, en Francisco Gamboa Galté, Tratamiento de úlcera con medicamento que no existía en Chile, http://fgamboag.wix.com/jaimegalte#!diagnstico-y-tratamiento-ulcera/c1npm

Sergio Gamboa Correa, yerno de Jaime Galté. Fotografía cedida por la familia.

Sergio Gamboa, tenía úlceras duodenales desde los 14 años, pero en ese entonces se encontraba bien. Como ya había aprendido a tener fe en el Dr. Halfanne encargó la receta de inmediato. Dos días después sobrevenía el imprevisible ataque. Al poco tiempo llegó el remedio que lo tomó inmediatamente y al poco se encontraba perfectamente[220].

2.3.12. *Jaime Galté me salvó*

Esta historia ha sido extraída de un artículo de *Revista Occidente*[221]:

> Yo nací en el año 54 y a fines de los 60 tuve una gravísima enferme-
> dad, que aparecía como una bronconeumonía con un estafilococo
> dorado y otras cosas más y eso me fue complicando la salud, a tal
> punto, que fui internado en una unidad de cuidados intensivos, en
> el hospital Calvo Mackenna. Yo recuerdo que era como una caja de
> plástico grande en la que estaba metido. La enfermedad partió como

---

[220] *Ibid.*

[221] Revista Occidente, ¡Gracias a él, yo estoy aquí!, La ayuda del Médium Jaime Galté, enero/ Febrero 2014. Francisco Gamboa Galté, Jaime Galté me salvó: http://fgamboag.wix.com/ jaimegalte#!/ccp4

un virus poco conocido y no había remedios para combatirlo. Me afectó todos los ganglios, mi cuerpo quedó trabado, no podía mover ningún músculo, no podía mover el cuello. O sea, no era una bronco-neumonía común. Fue una situación muy dura, gravísima. Le habían dicho a mi padre que me quedaban días no más, a tal punto que yo no tenía conciencia y estaba a tal extremo que un sacerdote católico me había dado la extremaunción[222].

Así relata la enfermedad que sufrió siendo niño, el arquitecto Alfredo Reyes Corveaux, al cumplir ya 60 años y que dice: "Gracias a él (Jaime Galté) yo estoy aquí y para mi familia fue absolutamente un milagro y Jaime Galté pasó a ser héroe absoluto"[223].

Alfredo Reyes dice que en la sala de emergencias:

Era atendido por tres o cuatro médicos, entre los que estaba el Doctor Traumann, que hacía de cabeza, que era un primo de mi papa, el Doctor Vargas Molinaria y el Doctor Sergio Vélez Bustamante, y todos trataban de hacer algo para salvar al sobrino de esta enfermedad. En la desesperación, un padre hace cualquier cosa. Si a mi padre le hubieran dicho que acudiera a la Yamilé de esa época o alguna bruja, lo habría hecho, pero encontró a Jaime Galté y me salvé[224].

Por contactos familiares Alfredo Reyes afirma que su padre conoció a Pedro Casteblanco, quien le dijo:

Parece que tu hijo ya no tiene vuelta y te ofrezco la oportunidad de hablar con un amigo mío que podría hacer algo por él. Y ahí le explica a mi padre quién era Jaime Galté". Entonces Pedro Casteblanco con mi padre van a ver a Jaime Galté, que trabajaba en la Contraloría. Entraron por un pasillo y al final estaba la oficina del señor Galté, quitado de bulla, de muy bajo perfil y ahí mi papá le explica todo"[225].

Reyes afirma que una segunda vez le llevó los exámenes médicos a Galté. Él le explicó cómo trabaja:

Entra en trance y le dice que era médium de un médico que había estado en Bolivia, le agrega que vaya en dos días más a su casa. Ahí le entrega una receta, con una letra bastante difícil y mi padre le

---

[222] *Ibid.*

[223] *Ibid.*

[224] *Ibid.*

[225] *Ibid.*

pregunta que es lo que dice aquí y Galté le responde: "yo no la entiendo, llévesela a su médico. Yo no soy médico, yo soy médium de ese Doctor al cual yo he invocado y él es el que va a ayudar a tu hijo".

El padre de Reyes le entregó la receta al Doctor. Este le informa que estos remedios no son conocidos por él "pero que tengo entendido que están en una etapa de investigación en unos laboratorios de Estados Unidos y podríamos probar"[226].

Alfredo Reyes sigue relatando:

> Mi padre tenía un amigo que era piloto de LAN, de apellido David, quien lleva la receta y se la entrega a un Doctor en Miami y van a un laboratorio, no sé en qué ciudad de Estados Unidos. Ahí hay un problema porque la gente del laboratorio dice que como sabían de esa composición química que estaban recién haciendo experimentos, terminando con animales y pronto lo harían con personas. Creían que había robo de información, pero, al final queda bien explicado el caso y le hacen la receta, traen el remedio, y yo a los tres días hablaba, y me sentaba. Tuve que aprender a andar de nuevo, con un kinesiólogo. Yo estuve seis meses en cama, sin caminar. Yo estuve absolutamente mal[227].

2.13.13. Descubre consecuencias de escarlatina 31 años después

Adriana Salas Gölling –recuerda Ximena Labbé Salas[228]– tenía cuarenta años a principios de 1965. Sufría de fuertes dolores de cabeza y epilepsia que por años ningún doctor había podido solucionar. Por un familiar supo de la existencia de Jaime Galté y su don de descubrir, pese a que la ciencia médica no podía, enfermedades intratables.

Su familiar concretó una reunión con Galté. Luego de unos minutos el abogado entró en trance escribiendo –rápidamente– en una hoja de cuaderno. En ella se podía leer que Adriana Salas, a la edad de 9 años habría sufrido de escarlatina[229], que la enfermedad le había provocado una otitis media purulenta aguda, que había provocando daños en una zona del cerebro. Pero el Dr. Halfanne –asegura Ximena Labbé– había ido más allá, de retorceder 31 años en la historia, y le había recetado un remedio que le atenuaría en gran

---

226 *Ibid.*
227 *Ibid.*
228 Entrevista con Ximena Labbé Salas realizada el 23 de abril de 2016.
229 La escarlatina, o fiebre escarlata, es una infección bacteriana causada por estreptococos del grupo A.

forma su enfermedad. Es esta familia, en que existían muchos abogados, por varios años se comentó este caso del "colega que había ayudado a la tía" unos meses antes de su fallecimiento.

2.3.14. *El agotamiento producto del trabajo del Doctor Halfanne*

> Sprenger dice (antes de 1500): "Hay que decir la herejía de las brujas y no de los brujos: éstos son poca cosa". Y otro, en tiempos de Luis XIII: "Por un brujo, diez mil brujas". *La bruja*. Jules Michelet[230].

La presidente de graduados en grafología de Argentina, Mercedes Tenelbaum, al analizar la firma del Doctor Halfanne, señala que:

> Hay cansancio, no es una persona mentirosa. Es una persona franca. Es una persona que se muestra como es. Tiene claridad en sus ideas y sus pensamientos.

En el programa televisivo, Gustavo Frías, sostiene que paulatinamente la señora Tenelbaum fue capaz de detectar que ambos manuscritos pertenecían a una sola persona. Ella señala que parecería que hay en los dos manuscritos cosas similares. "Como que parecería que fuera otra etapa de la misma persona"[231]. Frías pregunta: ¿pero puede una persona tener estas dos etapas en un mismo momento? La respuesta de la grafóloga es tajante: no. "Salvo que en la etapa (Halfanne) esté pasando por una crisis. En una enfermedad, como la neurosis o la esquizofrenia se podría dar. Pero sí no, no"[232].

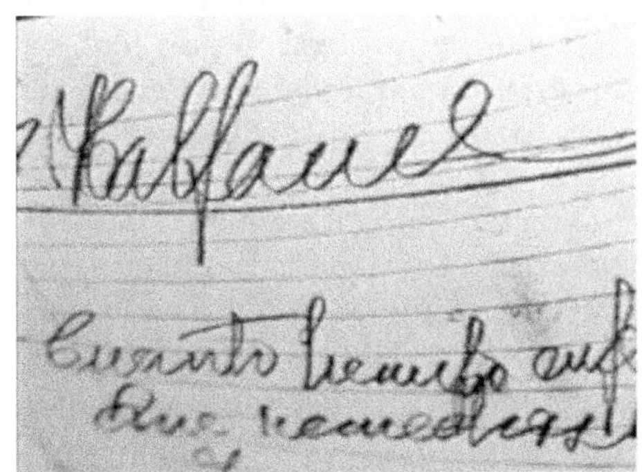

Firma de Doctor Halfanne. Fotografía cedida por la familia[233].

---

[230] Jules Michelet, *La bruja*, Barcelona, Editorial Labor, 1984, 21p.
[231] *Ibid.*
[232] *Ibid.*
[233] Silvio Caiozzi, "Historia de un médium", TVN, programa ¿Y si fuera cierto?, 1995.

Frías afirma que:

> Galté no mentía. Ambas letras corresponden a dos personalidades distintas y verdaderas. Galté tampoco era esquizofrénico porque nadie es capaz de provocarse un estado como ese a voluntad[234].

Rolando Urrutia señala que Galté:

> Trató de ayudar hasta donde le fue posible. Jamás cobró un peso por nada, todo lo contrario. Yo creo que se hubiese muerto antes de pedir un centavo por ayudar a alguien. Y lo hacía con un esfuerzo grande de su parte, porque quedaba pálido y agotado, respirando difícil. Para él era un sacrificio. Y sin embargo, lo hacía con mucho cariño por la gente[235].

Gustavo Frías se pregunta: ¿Fue a causa de este cansancio que el espíritu del Doctor Halfanne recurriera a otro procedimiento? Responde Francisco Donoso:

> Cambio Jaime. Ya no escribía sino que le contaban las cosas. Incluso se le contaba por teléfono. Se quedaba dormido. Y al día siguiente hablaba por teléfono a primera hora y decía tiene que tomar tal cosa, porque tiene tal cosa...[236]

Gustavo Frías señala que en El Mercurio del 10 de noviembre de 1974, Alone[237], el connotado hombre de letras chileno, escribe:

> Con Jaime Galté se estaba en presencia de un caso desconcertante. Más que sujeto sentíase un objeto de un fenómeno en el cual participaba por hacerle el bien a alguien. Pero que le costaba muchos sufrimientos e iba poco a poco agotándolo[238].

En relación a este cansancio, Carl Gustav Jung, en 1919, presentó una conferencia en una reunión de La Sociedad Británica para la Investigación Psíquica titulada *La base psicológica de la creencia en los espíritus*. Jung se limitó al aspecto psicológico del problema y evitó lidiar con la realidad objetiva de los espíritus. Definió los espíritus como "complejos autónomos

---

[234] *Ibid.*

[235] Entrevista con Rolando Urrutia, Silvio Caiozzi, "Historia de un médium", *op. cit.*

[236] Entrevista con Francisco Donoso, Silvio Caiozzi, "Historia de un médium", op. cit

[237] Véase Hernán Díaz Arrieta, El extraño caso de Painter y Proust, Crónicas Literarias: Literatura francesa, Santiago, Editorial Andrés Bello, 1971, 93p. Apareció en El Mercurio 23 de octubre de 1966.

[238] Entrevista con Francisco Donoso, Silvio Caiozzi, "Historia de un médium", op. cit

inconscientes que aparecen como proyecciones porque no tienen asociación directa con el ego. Estos pueden ser tanto fantasías patológicas como algo nuevo y desconocido. Además, Jung relacionó el mundo espiritual con el inconsciente colectivo y a los espíritus con los arquetipos[239]. De acuerdo a Jung la posesión espiritual puede explicarse psicológicamente como la "invasión de un complejo del inconsciente colectivo"[240]. Jung afirma que esta invasión puede ser peligrosa, produciendo síntomas como depresión, ansiedad y alucinaciones.

2.4. Mr. Lowe

> Los fenómenos que me corresponde protagonizar, los siento, los veo, los sufro, pero no los puedo explicar. Son para mí incomprensibles.
> Jaime Galté[241].

Gustavo Frías señala que, luego de agotarse producto de la labor del Doctor Halfanne, se iba a producir el vuelco más espectacular de su vida. Un nuevo espíritu intentaba comunicarse a través de Galté. Agrega que "como si no bastara con curar los cuerpos ahora había que curar las almas"[242].

Francisco Donoso señala que se dio cuenta que Jaime no sólo podía curar a la gente sino que en él se encarnaban otras personalidades. Y una de estas personalidades era Mr. Lowe[243].

Galté al medio arriba. Fotografía cedida por la familia[244].

---

239 Jung, C. G., Psychology and the occult, New York: Princeton University Press, 1977, 116p.
240 *Ibid.* 119p.
241 Catalina Uribe Echeverría, El cuerpo presente de Jaime Galté Carré: entre el positivismo y la voz de los muertos, *op. cit.*, 1p.
242 Silvio Caiozzi, "Historia de un médium", *op. cit.*
243 Entrevista con Francisco Donoso, Silvio Caiozzi, "Historia de un médium", *op. cit.*
244 Revista Occidente, ¡Gracias a él, yo estoy aquí!,

Gustavo Frías cuenta que:

> Mr. Lowe para algunos era Mr. Love, amor en inglés, resultó ser un pensador inglés cuyas enseñanzas fueron tan importantes que numerosos grupos de personalidades acudían a escuchar, porque Lowe era capaz de hablar a través de Galté.

Francisco Donoso señala que Mr. Lowe hablaba y este grupo, formado por Jaime, tomaba nota. En esa época no había grabadoras, así que se tomaban notas casi taquigráficas. Mister Lowe era un personaje muy interesante, activo y de una espiritualidad elevadísima[245]. Gustavo Frías afirma que las enseñanzas espirituales de Mr. Lowe se basaban en tres conceptos: amor, caridad y sinceridad[246].

Carlos Mora Vanegas afirma que:

> El Dr. Lowe era dueño de una voz melodiosa y un leve acento inglés. Lowe, como lo cita Pasquali, deleitaba a los miembros de la Sociedad Chilena de Parapsicología, presidida por Eduardo Chiorrini, que se reunían domingo a domingo a estudiar los fenómenos extrasensoriales. Llenos de sabiduría y amor hacia la humanidad, los mensajes de Lowe surgían como respuesta a las inquietudes existenciales de los profesionales que formaban la Sociedad[247].

Agrega el ingeniero venezolano que durante décadas, los mensajes fueron taquigrafiados y, más tarde, grabados. "Galté los recopiló y los vertió en dos libros: *Ante el umbral*[248] y *En el umbral*[249]. En ellos se analizan puntos claves de la existencia humana y se exponen los que –para Mr. Lowe– eran los pilares de la verdad: amor, caridad y sinceridad"[250].

Un grupo martinista narra lo ocurrido de esta forma:

> Eran los años 50 y tantos, tiempos convulsionados de la post guerra asolaban gran parte del mundo. Pero, en Chile, Avenida la Marina, en su casa de la comuna de San Miguel, Jaime Galté, como era costumbre, se reunía con quienes compartían sus sesiones de mediumnidad. Los asistentes, expectantes aguardaban a que Galté cayese en trance,

---

[245] Entrevista con Francisco Donoso, Silvio Caiozzi, "Historia de un médium", *op. cit.*

[246] Muy propios del Martinismo.

[247] Carlos Mora Vanegas, Recordando a Jaime Galté, *op. cit.*

[248] Lowe, Ante el umbral, Santiago, Círculo Martinista Jaime Galté, 1951.

[249] Lowe, En el umbral. Santiago, Círculo Martinista Jaime Galté, Talleres Gráfico La Nación, 1962.

[250] Carlos Mora Vanegas, Recordando a Jaime Galté, *op. cit.*

sabían de antemano que lo que escucharían superaría su capacidad de asombro.

Pronto, Galté caía en un trance profundo, una voz susurrante, melódica y con un marcado acento inglés irrumpía en el silencioso y mágico ambiente...y, dispuesto a abordar cualquier tema, preguntaba a los asistentes que tema les inquietaba hoy. Era Lowe, como se hacía llamar aquel personaje, haciendo hincapié que el nombre nada importaba; las respuestas eran claras, sencillas, cargadas de un caudal de sabiduría extraterreno: temas tan complejos como el concepto del pecado eran dilucidados con la claridad e iluminación propia de un iluminado. Sin dogma y sin prejuicios de ninguna especie conducía a los oyentes hacia una revelación pragmática, elocuente e imposible de no sobrecogerse a la sabiduría de su contenido.

A lo lejos, una antigua grabadora de cinta *General Electric*, grababa toda la sesión. Más tarde, el contenido sería escuchado y transcrito para editarlo en dos libros que conservamos como tesoro...*En el umbral* y *Ante el umbral*[251].

Catalina Uribe señala que *En el umbral,* firmado por Lowe, tiene 178 páginas. A modo de pista, se señala en un breve prefacio, también firmado por Lowe, lo siguiente:

Este libro fue escrito por quienes se reunieron por disposición expresa del Destino, y para gozarse de su mutua compañía en Amor y Caridad, que son los Arcanos capaces de resolver el Sublime Enigma de la Palabra Perdida, del Verbo Existente y Oculto. (...) Este libro constituye un sencillo y sincero homenaje a la Creación[252].

Agrega Uribe que en este libro se observa un narrador que habla en primera persona, dirigiéndose directamente al lector o relatando experiencias y recuerdos. "Se divide en los siguientes 18 capítulos: La chispa divina; El Agua; La Materia; El Drama de El Todo; Cuatro Voces; Lección Singular; Meditación; Evolución; Humanismo; Silencio; Francisco y la Muerte; Despertar; Sombras; Un Antifaz y la Rosa; Caridad; Sinceridad; Suprema Ley; Inquietudes; Luz en la Cabaña"[253].

---

[251] Grupo Martinista, Jaime Galté, 30 de septiembre de 2010: http://martinismo.weebly.com/foro.html#/20100930/jaime-galte-154625/

[252] Catalina Uribe Echeverría, El cuerpo presente de Jaime Galté Carré: entre el positivismo y la voz de los muertos, *op. cit.*, 27p.

[253] *Ibid.*

Portada de En el umbral fotografía cedida por la familia.

Catalina Uribe señala que el segundo libro escrito o inspirado por Lowe se llama *Ante el umbral,* en cuyo prefacio se dice:

> Lowe nos contó fábulas y nos expresó verdades que compilamos en el libro titulado Ante el umbral, el cual creemos ha sido leído por sabios, razonadores y locos. Un día el Maestro Lowe nos entreabrió la puerta y alcanzamos a divisar una claridad que inundó nuestros espíritus y comprendimos que estábamos "En el Umbral". En este caso la obra de 118 páginas se subdivide en los siguientes capítulos: El

nombre; Los sentimientos; Evolución; Creación; El amor; El pecado; Trinidad; El gran iniciado; ¿Enviado?

Indice

	Pág.
Prefacio	3
1.—La Chispa Divina	7
2.—El Agua	15
3.—La Materia	25
4.—El Drama de El Todo	39
5.—Cuatro Voces	49
6.—Lección Singular	59
7.—Meditación	69
8.—Evolución	77
9.—Humanismo	87
10.—Silencio	99
11.—Francisco y la Muerte	105
12.—Despertar	111
13.—Sombras	119
14.—Un Antifaz y la Rosa	127
15.—I. Caridad	139
II. Sinceridad	143
16.—Suprema Ley	149
17.—Inquietudes	157
18.—Luz en la Cabaña	173

Del libro Ante el umbral. Fotografía cedida por la familia.

En el prólogo de *En el umbral* se lee:

Cuando encontréis a vuestros respectivos Maestros, y busquéis la verdad sin apasionamientos por una idea o creencia, se abrirá la puerta y traspasaréis el umbral con plena conciencia[254].

---

[254] José Bravo Llantén, Jaime Galté: un masón insólito, *op. cit.*, 9 p.

Dibujo aparecido en el libro En el umbral. Fotografía cedida por la familia.

Catalina Uribe afirma que:

> Las reflexiones plasmadas en estos libros abarcan el micro y el macrocosmos, sencillas y complejas nociones sobre el sentido de este mundo, nociones clásicas del esoterismo decimonónico acerca del bien y el mal, el tormento y la felicidad, con un trasfondo de sincretismo religioso en el que las referencias al Cristianismo y a algunos

dogmas católicos –interpretados desde una concepción masónica- son permanentes[255].

Catalina Uribe, afirma que Lowe, respecto de la existencia de la caída y el mal, afirma en el libro *En el umbral*:

> Se comprende que en toda prueba, cuyo factor básico es la libertad, hay que optar por decir sí o no, no hay términos medios. La afirmación crea la armonía y la unidad; la negación, provoca la disonancia y la dispersión. La primera es beatitud, la segunda es dolor. Sin embargo, no olvides, hermano, que la dispersión no es fatalmente inexorable, tiene un límite que engendra la onda de retorno. (...) Si no existiese el error, lo verdadero no tendría valor, y por analogía, podríamos decir lo mismo para lo bello y lo bueno. (...) Te recomiendo, encarecidamente, que no te amargues por situaciones o estados difíciles, materiales o espirituales, que te hacen sufrir. Cada situación difícil es la clave de una deuda anterior (*Ante el umbral* 8-9p.). En esta meditación profunda sobre la dualidad de este mundo, la divinidad y la reencarnación, una frase se agolpa en la mente del narrador: ¡El agua es el cuerpo del Altísimo! ¡El agua es el Amor del Creador!". Y va surgiendo una respuesta a la interrogante: "La fórmula del agua a base de dos gases presenta dos aspectos: uno de vida y otro de muerte. Efectivamente, de los dos elementos que la componen, el oxígeno da la vida misma al humano, pero el hidrógeno le produce la muerte (...) un mismo elemento transformado por efectos del calor o el frío constituye una trinidad[256].

Francisco Donoso señala que luego de 10 o 15 años finalmente apareció por ahí una grabadora y se pudo hacer algo, "de hecho aquí tengo un casete en que habla del Padre Nuestro. Cualquier sacerdote católico estaría feliz de poder hablar como hablaba Jaime en este momento"[257]. Vitro, no se sabe su nombre completo, recuerda que escuchó una de esas grabaciones en el programa de TVN, *"Y si fuera cierto"*, en la década de los '90. "Era muy impresionante, porque era una voz muy extraña, que al parecer era producida desde la garganta, y quien hablaba tenía un acento agringado. Lamentablemente estos registros son muy difíciles de encontrar en la actualidad"[258].

En parte de la cinta se escucha:

[255] Catalina Uribe Echeverría, Revista Chilena de Literatura, *op. cit.*, 27-28p.
[256] *Ibid.* 28p.
[257] Entrevista con Francisco Donoso, Silvio Caiozzi, "Historia de un médium", op. cit
[258] Vitro, Jaime Galté, el Notable Médium Chileno, *op. cit.*

(…) que nació…o desconoce el Padre Nuestro o lo recitan muy mal para obtener el alimento espiritual de la divinidad, el pan nuestro de cada día. Para obtener el perdón, o sea, el alimento puro del alma humana y para obtener la liberación de todo mal, necesita primero recitar, más que eso sentir, más que eso vivir.

En el pequeño libro *Pensar, sentir y actuar equilibradamente*:

La voz le plantea a Galté lo primordial del conocimiento de sí mismo a través de la comprensión del triángulo equilátero, un símbolo característico de la masonería: (…) esto es, el perfecto equilibrio. Este triángulo tiene en realidad un significado muy profundo para quienes desean iniciarse en el autoconocimiento, y ningún significado para quienes no tienen interés en conocerse íntimamente. (…) El vértice superior representa el Pensamiento, la Mente del ser humano. El vértice izquierdo representa el Sentimiento, el Corazón del hombre. Y el vértice derecho representa la Acción, es decir la Voluntad realizando todo lo que el individuo ha pensado y ha sentido. Ahora lo difícil es lograr el equilibrio en el libre juego de estos tres conceptos representados por cada uno de los vértices del símbolo que te he mencionado[259].

Agrega la voz a Galté que:

En el curso de su existencia la humanidad logró notables avances en el orden material pero que ha caminado en las tinieblas en el aspecto espiritual. Entonces se explaya en describir el desarrollo y el ejercicio del más positivo de los sentimientos, la Caridad: "Te diré, tus actos caritativos se miden por la mayor o menor entrega que de ti mismo puedas ofrecer a tus semejantes sin esperar beneficio personal ni recompensa alguna…". Sostiene la voz que comprender lo que significa el equilibrio perfecto entre el pensamiento, el sentimiento y la acción de los hombres es la única forma posible de hacer desaparecer los conflictos y contradicciones que corroen el alma de la humanidad. Ello no es para alcanzar una felicidad considerada utópica: la felicidad, te digo, no existe –sentencia la voz–. Lo que existe en realidad es la experiencia que debemos vivir, aprovechar; y es la experiencia captada e internalizada la que paso a paso te conducirá hasta el conocimiento absoluto, hasta la presencia del Todo a través de innu-

---

[259] Catalina Uribe Echeverría, El cuerpo presente de Jaime Galté Carré: entre el positivismo y la voz de los muertos, *op. cit.*, 26p.

merables vidas, y sólo entonces empezarás a comprender y a gozar de la felicidad en su concepto integral[260].

Catalina Uribe Echeverría agrega que a Galté acudían personas desesperadas, afligidas por la enfermedad de algún pariente:

> A él recurrieron seres anónimos y otros no tanto: se ha escrito que llegaron a solicitarle su apoyo personalidades como el ex Presidente Salvador Allende, el abuelo de la ex Presidenta Michelle Bachelet, Alberto Bachelet Brandt, el dibujante Jorge Délano (Coke), el ex ministro Miguel Schweitzer, el escritor y diplomático Miguel Serrano, o el secretario del Senado Horacio Hevia, y tantos más; aunque nunca se negaba a apoyar también al anónimo que se lo solicitara[261].

En el prólogo del libro *El Escarabajo Sagrado*, publicado en 1972, se narra que en el año 1952 se encontró en España el símbolo del escarabajo sagrado, el que fue traído a Chile por uno de los integrantes del Círculo Martinista Jaime Galté. Como se señala en esta obra: "este libro que es la apasionante historia del símbolo del escarabajo sagrado incluye, pues, una comprobación de la ley de la reencarnación"[262].

En otra parte de este libro[263] se afirma que:

El amor del Creador hace vibrar todo lo creado y su vibración es la vida que anima al hombre, a la planta, a la roca. Esta vibración de vida produce la dualidad que se manifiesta en el mundo de las formas: materia y espíritu. La materia a su vez vibra para hacerse patente a los sentidos, a la razón y a la inteligencia la imagen del Creador; y el espíritu vibra para dar testimonio de la parte del Ser Supremo que ha querido involucionar, para recoger en seguida en un llamado de amor a todas sus criaturas[264].

2.5. Otros Casos

2.5.1. Manifestación de esposa fallecida

En ocasiones Jaime Galté también era visitado por otros espíritus. A veces aparecían inesperadamente. La visita de su primera esposa sorprendió a todos. "Era noche de Pascua y estaban todos comiendo en la mesa. Jaime

---

[260] *Ibid.*
[261] *Ibid.* 2p.
[262] Lowe, El Escarabajo Sagrado, Santiago, Circulo Martinista Jaime Galté, 1972, 6p.
[263] Se agradece la transcripción realizada por Sergio Salinas Sasso.
[264] Lowe, El Escarabajo Sagrado, *op. cit.*, 7p.

Galté cayó en trance, le trajeron papel y lápiz y comenzó a escribir con una letra femenina inconfundible: era la madre de las niñas que escribía "tenía sed de abrazarlas"[265]. En la entrevista en el programa de TVN, Sonia Galté señala que la frase era: "Tenía hambre de abrazarlas"[266].

Como señala Sonia Galté: "después, ella llegaba a través de su marido inesperadamente. Las hermanas todavía conservan hojas con mensajes de su madre que, en otra vida, las añoraba"[267].

En la imagen adjunta, por ejemplo, se muestra una carta escrita por la madre de Sonia a través de Jaime Galté. En ella se puede leer lo siguiente:

> Tanto tiempo que no podía venir y los deseos que tenía de verlos. Hace dos días que estuve observando a tus hijos jugar y los encuentro encantadores. Ahora estaré por un tiempo al lado tuyo y te acompañaré en el parto. Estoy feliz de verte tan contenta con tu marido e hijos y ruego a Dios que siempre continúes así, lo mismo que la Nene. Jaime siempre te agradezco lo bien que cumpliste la promesa que me hiciste dos días antes de morir y trato de que seas lo más feliz. Mucho tiempo no le queda a Elsa pues se está acercando la parálisis facial. Muchos besos a todos. Erna[268].

---

[265] Francisco Gamboa Galté, Manifestación de esposa fallecida: http://fgamboag.wix.com/jaimegalte#!quienes-somos2/c6w6
[266] Entrevista a Sonia Galté, Silvio Caiozzi, "Historia de un médium", TVN, programa ¿Y si fuera cierto?, 1995
[267] Francisco Gamboa Galté, Manifestación de esposa, *op. cit.*
[268] *Ibíd.*

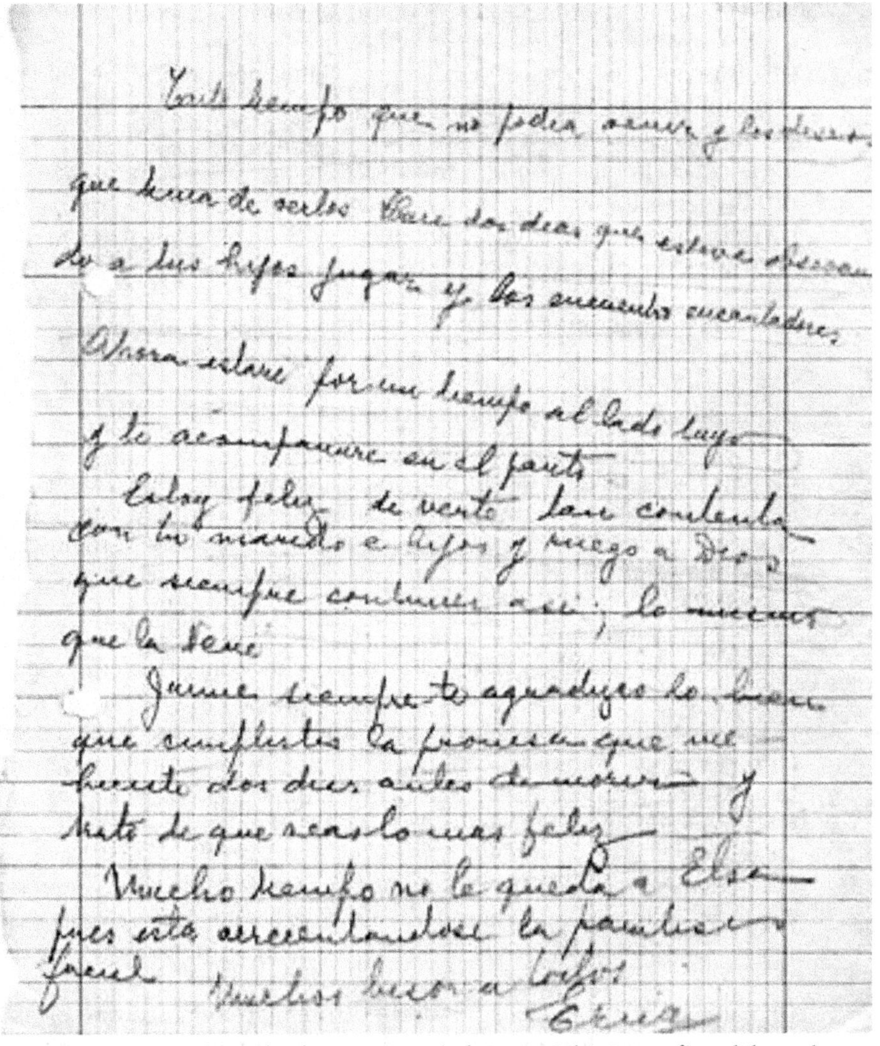

Carta escrita por la madre de Sonia a través de Jaime Galté. Fotografía cedida por la familia[269].

2.5.2. Visita de Chopin

En la revista *Revelación* aparece un artículo de la periodista Hilda López Aguilar, en que se relata una experiencia singular que vivó un amigo cercano de Jaime Galté[270].

---

[269] *Ibid.*
[270] Hilda López Aguilar, El médium chileno que causó impacto mundial, revista *Revelación*, marzo, 1996.

A continuación se hace un extracto de dicho relato:

> (...) Buscando las huellas dejadas por Galté, nos hemos encontrado con infinidad de testimonios. Algunos muy técnicos, muy científicos, y otros muy emocionales. Sin embargo, el que más nos llegó, por su naturalidad, por su profunda sinceridad, fue el testimonio del médico urólogo, Doctor Ramón Hederra, amigo personal del psíquico. Se conocen a través de Anita, compañera de Galté en la Universidad y hermana de Ramón Hederra[271].
>
> Se inicia así una amistad que aún subsiste, pues escuchar al Doctor Hederra hablar de su amigo Jaime, es conocer al ser humano que fue y que sigue vivo en su cariño y en su recuerdo.
>
> Inteligente, profundo conocedor de la naturaleza humana, nos va entregando la imagen de un personaje que estando dotado de extraños y misteriosos poderes, fue capaz de disfrutar por ejemplo de una fiesta de cumpleaños en compañía de sus nietos, tirando serpentinas, colocándose gorro de niño y metiendo un dedo travieso en la crema de la torta.
>
> Le acompañó también en aquellos trances mediúmnicos, cuando el cambio del ritmo respiratorio de Galté le indicaba que había llegado el Doctor Halfanne. Describe con precisión como él, escribiendo con lápiz de grafito, saludaba ceremoniosamente y preguntaba para qué lo necesitaban. Recuerda de qué manera tomaba el pulso, las conclusiones que de allí desprendía y los casos de curación[272].
>
> Recuerda una tarde en que asistió con su amigo Jaime a un concierto al Teatro Municipal. Un famoso concertista ejecutaba una pieza de música de Chopin.
>
> Un cambio en el ritmo respiratorio de su amigo le indicó que estaba en trance. Con los ojos cerrados movía rítmicamente la cabeza siguiendo los compases. Al finalizar la pieza, Galté estira imperiosamente la mano pidiendo escribir. Rápidamente don Ramón le entrega lo único que tiene a mano, el programa. La mano de Jaime Galté se desliza sobre el programa y en frente del nombre de la pieza recién ejecutada escribe:
>
> "*Bien Jolie*", y firma F. Chopin.

---

[271] Francisco Gamboa Galté, El músico Chopin asiste a un concierto a través de Galté: http://fgamboag.wix.com/jaimegalte#!musico---chopin/c66f

[272] *Ibid.*

2.5.3. Relatos de Ricardo Boizard (Picotón)

Jaime Galté no era mago, brujo, ni sanador. No estaba dentro de sus capacidades revertir males avanzados, como cuando le presta su ayuda al periodista Ricardo Boizard, alias Picotón (destacado abogado, periodista y ex parlamentario), quien escribe en el diario *El Clarín* su experiencia en 1965[273]:

> Una vez me presentaron a Galté y, con gentil amabilidad, me ofreció hacerle a mi esposa, atacada de cáncer, una visita invisible. Parece absurdo que un hombre de carne y hueso pueda penetrar a una casa sin tener la llave y sin abrir la puerta. Parece absurdo que unas manos salidas del misterio pudieran examinar delicadamente a una enferma, levantar sus sábanas, recorrer las partes afectadas y, en seguida, salir a través de la pared. Todos fuimos testigos del extraño fenómeno y, al día siguiente, Jaime Galté tenía ya el diagnóstico fatal[274].

Este relato aparece con más detalles en un artículo del diario *El Mercurio*[275]:

> La primera esposa del destacado abogado, periodista y ex parlamentario (Boizard) estaba postrada en cama, víctima de un cáncer muy avanzado.
>
> En su desesperación –porque la adoraba– fue a conversar a su estudio de "La Nación", con Galté.
>
> –Me recibió con esa sencillez y bondad infinita que sabía poner en todos sus actos, dice, y que era la mejor prueba de su elevada evolución espiritual. Cuando terminé mi relato, me respondió suavemente:
>
> –Esta noche te la voy a ver. Sabedor de sus facultades excepcionales, le pregunté con no poca inquietud:
>
> –¿Y cómo te vas a hacer presente? ¿No la asustarás?
>
> –No te preocupes, me contestó. Nadie se asustará. Creo que ni se van a dar cuenta.

---

[273] Boizard, Ricardo (Picotón), El caso Galté, *El Clarín*, Santiago de Chile, 5 de noviembre de 1965.

[274] Francisco Gamboa Galté, Relatos de Boizard (Picotón): http://fgamboag.wix.com/jaimegalte#!picoton/c1lrx

[275] Hugo Goldsack, Galté y su médico de ultratumba, Revista del Sábado, Diario *El Mercurio*. Santiago de Chile, 11 de octubre de 1975, 2-3p.

–Yo, confiesa Boizard, no advertí nada, tal como lo suponía Galté. No así mi mujer, que lo sintió entrar a la habitación y mirarla cuidadosamente. Ella no sintió temor alguno. Por el contrario, le pareció estar en compañía de una presencia llena de bondad y de esperanza[276].

–Al día siguiente me llamó el propio Galté para decirme que la había examinado y que debíamos resignarnos a lo peor. "De todos modos, agregó, le procuraré la muerte menos dolorosa". Dos veces más volvió a verla, y puedo asegurarte que se extinguió tal como él había prometido[277].

2.5.4. *Premonición terremoto de Chillán (1938)*

También se relata en recortes de prensa, según Francisco Gamboa Galté, que en otra ocasión:

> Estando en compañía de unos amigos en Valparaíso en enero de 1939, sin razón aparente, Galté se puso a llorar brusca y desesperadamente al almuerzo, siendo incapaz de explicar la causa de su angustia. Al regresar a Santiago, y encender la luz de su pieza quedó atónito al contemplar que en el muro se veía una espantosa escena de desolación y muerte: una ciudad destruida y centenares de cadáveres entre los escombros. A las 23.30 horas de esa misma noche la ciudad de Chillán era sacudida por el más catastrófico terremoto ocurrido en Chile durante el siglo XX hasta ese entonces[278].

2.5.5. *El presidente Carlos Ibáñez, recurría a Galté*

Según relata un artículo de prensa, Graciela Letelier, esposa del presidente Ibáñez, tenía antecedentes de las facultades de Jaime Galté.

> Por eso. Cuando su padre sufrió una fractura de una pierna, pidió a su marido que intercediera ante Galté para que lo examinara. El jefe de Estado lo llevó un día para que estudiara la parte afectada de su suegro. En presencia del Doctor Iñigo Díaz Muñoz, Galté dibujó en un papel la quebradura, que resultó exacta a la radiografía que se tomó con posterioridad[279].

---

276 *Ibid.*

277 *Ibid.*

278 Francisco Gamboa Galté, Premonición terremoto de Chillán. 1938, http://fgamboag.wix.com/jaimegalte#!terremoto-de-chilln/c96z

279 Revista Occidente, ¡Gracias a él yo estoy aquí!, *op. cit.*, 18p.

2.5.6. Manifestación de suegra de Miguel Schweitzer

La periodista Raquel Correa escribió en la revista *Vea*:

> Lo más abismante del fenómeno Galté, es que los testigos de sus prodigios son personas de alta figuración pública, destacados profesionales, gente apreciada por su equilibrio y objetividad. En nuestra búsqueda de testimonios hablamos con muchos de ellos. El destacado abogado Miguel Schweitzer, por ejemplo. En su casa fue testigo de un hecho singular[280].
>
> Galté había sido invitado a comer y toda la familia estaba presente. Le pidieron que cayera en trance. Galté solicito varios lápices y papel. Consultado por un asunto médico comenzó a escribir con grandes trazos[281].
>
> De pronto vaciló... pasaron unos segundos de absoluto silencio. Solo se oía su respiración en el ambiente electrizado de suspenso.
>
> La mano de Galté pareció empequeñecerse. Su rostro se dulcificó ante la emoción de la mujer y las cuñadas de Schweitzer y comenzó a escribir con una delicada letra femenina, inconfundible para ellos[282].
>
> Escribió un tierno mensaje, que nadie le cupo duda entre los presentes, era la suegra del dueño de casa, fallecida tiempo antes.
>
> Aún (a la fecha del artículo de Raquel Correa), en casa de Miguel Schweitzer se conserva un marco protegido por un vidrio, el menaje del "más allá", cuyos trazos dibujados a lápiz el tiempo ha ido borrando"[283].

---

[280] Raquel Correa, Los mil prodigios del Mago Galté, *op. cit.* en Francisco Gamboa Galté, Manifestación de suegra de Miguel Schweitzer http://fgamboag.wix.com/jaimegalte#!miguel-schweitzer/cb5n

[281] *Ibid.*

[282] *Ibid.*

[283] *Ibid.*

2.5.7. *Niño fallecido pide perdón a su madre a través de Galté*

Jaime Galté, dejó un recuerdo marcado a fuego en quienes conocieron sus extraordinarias capacidades, muchas historias que permanecen en lo más profundo de sus protagonistas, siguen develándose con el paso del tiempo[284].

¿Cuántas historias increíbles quedan aún por ser contadas? Su hija, Sonia Galté, rememora uno de estos casos:

> Años después que murió su padre, ella conoció a una señora que al saber que era hija de Galté se emocionó muchísimo y le contó una estremecedora historia, en la que ella había sido un protagonista directo.

> La mujer había perdido un hijo (atropellado mientras andaba en bicicleta). Galté llegó donde su familia y dijo que tenía un mensaje del niño. Salió la madre, enfurecida, ya que estaba velando al pequeño. Él le dijo que sentía el deber de entregarle la misiva.

> En el papel, el niño pedía perdón por haber salido sin permiso, que estaba feliz en su actual lugar y que estaría más cerca de su familia. La letra de la nota, escrita por Galté en trance, era exactamente igual a la del niño.

> La señora guardó esa nota para siempre.

2.5.8. *El presidente Salvador Allende, también recurrió a Galté*

El escritor César Parra afirma que una vez recurrió a Jaimé Galté: "un joven doctor descreído, Salvador Allende[285] (como precisa Víctor Rojas Farías),

---

[284] Renato Castelli, Más allá de la realidad, *Las Últimas Noticias*, 12 de Octubre, 1997. Francisco Gamboa Galté, Niño fallecido pide perdón a su madre a través de Galté: http://fgamboag. wix.com/jaimegalte#!nio-pide-perdn/cjf7

[285] "Hijo del masón Salvador Allende Castro y nieto del Serenísimo Gran Maestro de la Gran Logia de Chile, Ramón Allende Padín. Salvador Allende Gossens, a pesar de su juventud rebelde, no podía seguir otro camino que aquel trazado con compás y escuadra por sus progenitores masculinos. Allende nació y se formó de acuerdo a los parámetros de la masonería, llevándola consigo como parte de su sangre. Salvador Allende es –probablemente– el más universal de los masones chilenos". Gran Logia de Chile, Salvador Allende Gossens: http://www.granlogia.cl/masones-destacados/24-presidentes-de-chile/116-salvador-allende-gossens.html

Sonia, hija de Jaime Galté

quien le pidió que invocara un espíritu para salvar a su padre"[286] [287], Salvador Allende Castro. Agrega Parra que también había en Alemania alguien interesado en Galté, un mandatario que quería "convocar bajo su dominio la fuerza esotérica del universo, Adolfo Hitler[288].

2.5.9. Curación de córneas

El economista Rolando Urrutia recuerda que:

---

[286] Salvador Allende Castro fue fundador de las Escuelas "Blas Cuevas", redactor de un compendio de moral sin fundamento religioso para uso de los escolares, defensor de las escuelas laicas y creador del periódico "Guía del Pueblo". El 4 de junio de 1884 fue elegido Serenísimo Gran Maestro, pero su salud quebrantada le permitió ejercer el cargo solamente durante tres meses. Murió el 14 de octubre de 1884. Gran Logia de Chile, Grandes Maestros de la Masonería Chilena 1862-2006, Santiago, Ediciones Gran Logia de Chile, Segunda Edición, 2006, 22p.

[287] César Parra, Guía mágica de Santiago, *op. cit.*, 120p.

[288] *Ibid.*

> Tuve la mala suerte que cuando nací, por un error del personal del hospital San Borja, de esa época hoy demolido, me echaron en los ojos una solución para desinfectar la vista de este recién nacido. Era nitrato de plata pero mal preparado a una densidad tal que me quemó las córneas instantáneamente. Incluso la enfermera cuando vio que los ojos se colocaron blancos trató de limpiarme con un algodón el ojo derecho, dejándome una marca. Bueno entonces quedé ciego prácticamente porque quemados los ojos no había nada que hacer. A través de Don Jaime, mi padre lo conocía, me hicieron un tratamiento bastante simple[289].

Rolando Urrutia continúa señalando que:

> Tengo recuerdo de visión como al tercer año de mi vida, retazos porque el iris ya estaba muerto. Avanzó muy rápidamente este tratamiento hasta que por el mismo crecimiento fue disminuyendo el problema y quedó como quedó al día de hoy. Tengo unas pequeñas manchas en las córneas que son cicatrices. Muchas veces me confunden con cataratas o glaucomas. Se paralizó porque ya no crecí más. Se detuvo. Si no hubiese sido por esto que pidió él, posiblemente, a lo mejor algo de vista hubiera recuperado en el tiempo, pero no sé a qué nivel. Quizás no estaríamos hablando ahora[290].

2.6. Su muerte

> Y no hay que aborrecer a la ignorada emperatriz
> y reina de la Nada. Por ella nuestra tela está tejida,
> y ella en la copa de los sueños vierte un contrario
> nepente: ¡ella no olvida! *Thánatos*. Rubén Darío

En el programa de TVN ya citado, Gustavo Frías señala que Galté había llegado a su plenitud como médium. Era un perfecto instrumento para que desde el más allá entregara un importante legado pero a su cuerpo terrenal le quedaba poco tiempo. Su sacrificio era cada vez mayor y a pesar de esto viajaba continuamente. Parecía que necesitaba entregar y explicar muchas cosas pero por sobre todo explicarse a sí mismo el sentido de su extraña existencia.

Miguel Serrano recuerda que luego de su curación se comunicó con la casa de Galté y descubre que el abogado está gravemente enfermo. Se contacta

---

[289] Entrevista con Rolando Urrutia, Silvio Caiozzi, "Historia de un médium", *op. cit.*
[290] *Ibid.*

Su último viaje.

con su médico tratante, el Doctor Raúl Etcheberry, el que le indica que Galté padece de una leucemia incurable.

Serrano sostiene que cuando los médiums curan enfermedades, pueden traspasárselas a sí mismos: Jaime Galté sufrió mucho[291].

> Sus dolores eran atroces. Llamaba a su madre en las noches. Entré a verlo en su cuarto. Bajo el efecto de sedantes, pudo hablar conmigo. Frente a su lecho tenía la figura en madera de la Virgen. Galté era masón, pero esa imagen era la representación de su propia madre, de la Madre de todos. Me contó lo siguiente: "Anoche vino a verme un monje encapuchado. Traía una bolsa llena de piedrecitas (¿las piedras del ataúd de su padre?), las que fue sacando una a una y poniéndolas en mi pecho en forma de cruz. Las dejó ahí un momento y, luego, las

[291] Véase Programa Con Mucho Gusto, Jaime Galté y sus dones extrasensoriales, Megavisión, 26 de Diciembre 2013: https://www.youtube.com/watch?v=yafK3AQDSsE

empezó a retirar, también de una y pausadamente. A medida que las quitaba, con ellas se me iba un dolor. Pero no las retiró todas, creo que dejó dos o tres…"[292].

Catalina Uribe señala que Jaime Galté murió al amanecer del día siguiente:

La muerte tan cercana se hizo presente de manera relativamente temprana para Jaime Galté. Su certificado de defunción registra su último instante de vida o primer instante de muerte a las 8.35 horas del 1° de noviembre de 1965 –el día de Todos los Santos– con la siguiente causa: linfosarcoma generalizado[293].

Su familia dice que la fecha y la hora eran conocidas para él. Ello es corroborado por el ingeniero venezolano Carlos Mora, quien fuera secretario de la Sociedad Chilena de Parapsicología:

Cuando aún no sentía molestia alguna, el Doctor Halfanne le hizo un diagnóstico sin receta posible. Y aunque guardó secreto sobre su cáncer incurable, anunció el desenlace poco antes de que ocurriera. Llegada la fecha, dijo: hoy es el día[294].

Dos días antes, el 30 de octubre de 1965, Miguel Serrano, en el artículo ya reseñado, lo había calificado como el "mutante" chileno. Un artículo, nueve años después, señalaba:

Paradojalmente, no pudo evitar la enfermedad que, en un tiempo record lo llevó a la tumba, pero sí advertir su próximo fin. Cuando se sintió mal –expresa su hija– fue a hacerse los primeros exámenes. Al volver estaba muy deprimido. Se dejó caer sobre un sillón y lentamente recitó "Cerraron sus ojos que aún tenía abiertos taparon su rostro con un blanco lienzo"[295].

En la *Revista Masónica*, en el mes de su fallecimiento, se leía que:

Trabajó constantemente por el bien general de la Orden y por la Humanidad, sin desplantes y sin estridencias. Fue fecundo en su acción generosa. Su elevado y depurado espíritu lo impelía a servir y ayudar

---

[292] Catalina Uribe Echeverría, El cuerpo presente de Jaime Galté Carré: entre el positivismo y la voz de los muertos, *op. cit.*, 38p.
[293] *Ibid.*
[294] *Ibid.*
[295] Rodolfo Sésnic, Médium de fama mundial nació y murió en Chile. La increíble historia de Jaime Galté, *La Segunda*, 3 diciembre, 1974.

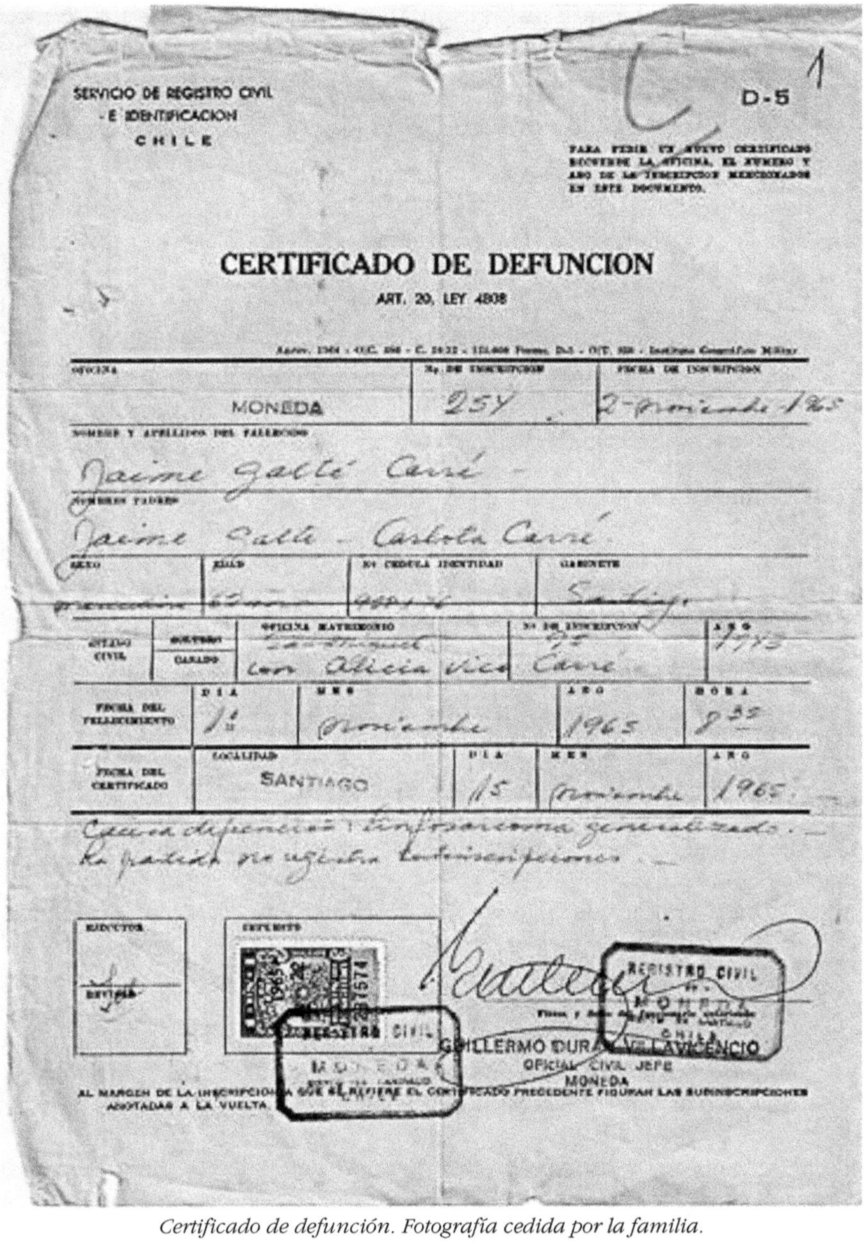

Certificado de defunción. Fotografía cedida por la familia.

al prójimo. Siempre se volcó entero por los demás. Su bondad era proverbial. Se sentía hermano y solidario con todos los seres humanos. Por eso, todos le admiraban y le querían entrañablemente. Nada tiene de extraño, entonces, que la noticia de su prematura muerte afectara no sólo a la Institución Masónica, sino a todos los sectores de la ciudadanía que le conocieron y que supieron aquilatar sus excepcionales dones de Iniciado y de Caballero"[296].

En el discurso pronunciado en el Cementerio General por el Gran Maestro, Aristóteles Berlendis Sturla, se afirma que:

> Adalid caballeroso y romántico, lucho abiertamente por ir más allá del horizonte que limita el conocimiento profano. Su generosos espíritu, abierto a todas las posibilidades científicas y muy particularmente inclinado a la comprensión y estudio de la parapsicología, vivía en trance de futuro, delante de todos, a la vanguardia del conocimiento humano, iluminado por la visión majestuosa de un provenir exaltado por la más elevada espiritualidad[297].

Últimos comentarios

No cabe la menor duda de que la Sociedad Chilena de Parapsicología durante su existencia desde 1863 hasta 1967 contó con un paragnosta que es muy difícil que se repita. Carlos Mora Vanegas afirma que:

> En lo particular me causó mucha motivación la fenomenología de Galté, lo que me conllevó a estudiar sus causas, buscar explicaciones lógicas, apoyarme en las disciplinas tradicionales, que desafortunadamente no me pudieron dar respuestas, tuve que aceptar lo que la mente espiritual nos lega en pro del porqué se manifiestan estos fenómenos bajo su percepción[298].

Carlos Mora no duda que quienes conocieron a Jaime Galté o fueron atendido por él no olvidarán su legado:

> Y confiamos que quedo en la mente de todos ellos, un hermoso recuerdo de esas acciones que son las que perduran. Concretamente su paso por esta dimensión fue la de servicio para sus semejantes, lo que le permitió crecer espiritualmente[299].

Miguel Serrano, en el artículo escrito dos días antes de la muerte de Galté, terminaba diciendo:

---

[296] Revista Masónica de Chile, El ilustre y venerable hermano Jaime Galté, N°9-10, noviembre-diciembre de 1965, 27p.
[297] *Ibid.* 28p.
[298] Carlos Mora Vanegas, Recordando a Jaime Galté, *op. cit.*
[299] *Ibid.*

La hipótesis de los "mutantes" aquí expuesta pudiera indicarnos quizás, como lo decíamos, la existencia de algún órgano, en ciertos hombres, que aún no se desarrolla colectivamente pero que algún día toda la humanidad poseerá. También podría apuntar a una cualidad antigua, antiquísima, que sólo algunos seres son capaces de retener. Sin embargo, la humanidad pareciera ir haciéndose más sensible a esta facultad[300].

Según Francisco Gamboa Galté:

Mr. Lowe señaló que en los Audios 01 se afirma La Comunión: "Jesús es el Cristo y que en la Comunión está el cuerpo y sangre de Jesús. Confirmando totalmente lo que creemos los Cristianos"[301]. Agrega que en el audio 02 El Padre Nuestro: "se enseña que hay que someterse a la Voluntad de Dios, esto es hacer lo que Jesús enseña en los Evangelios, dar Amor, Caridad, Solidaridad, Compasión, Humanidad, eso es hacer la Voluntad de Dios"[302].

Francisco Gamboa Galté recuerda que su tío Octavio Gamboa les indicó desde el más allá, por intermedio de Jaime Galté que: "El cielo lo imaginemos como una gran ciudad, en que hay distintos barrios, en unos están los más evolucionados y en otros los menos (hay muchas habitaciones). Grande don Jaime que hizo muchísimo bien a todos sin cobrar un peso"[303].

El amor del Creador vibra todo lo creado y su vibración es la vida que anima al hombre, a la planta, a la roca. Esta vibración de vida produce la dualidad que se manifiesta en el mundo de las formas: materia y espíritu. La materia a su vez vibra para hacer patente a los sentidos, a la razón y a la inteligencia la imagen del Creador; y el espíritu vibra para dar testimonio de la parte del Ser Supremo que ha querido involucionar, para recoger en seguida en un llamado de amor a todas sus criaturas[304].

---

[300] Miguel Serrano, Jaime Galté, "mutante" chileno, *op. cit.*

[301] Francisco Gamboa Galté, Comentarios: http://fgamboag.wix.com/jaimegalte#!contact/c24vq

[302] *Ibid.*

[303] *Ibid.*

[304] Lowe, El Escarabajo Sagrado, Santiago, *op. cit.*, 7p.

Dibujo Caridad en libro En el umbral. Fotografía cedida por la familia.

Dibujo meditación en libro En el umbral. Fotografía cedida por la familia.

A los antecedentes expuestos, que dicen relación con todas las manifestaciones realizadas por don Jaime canalizando al Dr. Halfhanne, realizando pronósticos de enfermedades con acertadas recetas e indicaciones de sanación a quienes le consultaban, debemos agregar también las enseñanzas impartidas a través de la canalización de otros maestros espirituales, que presuntamente se estima eran espíritus más adelantados y sabios que habitan mundos superiores.

Entre ellos debemos mencionar, el espíritu de Mr. Lowe que se hacía presente hablando a través de don Jaime, con una voz que era audible como un susurro, con el acento de un inglés que habla el español y que se entendía con cierta dificultad en algunos casos.

La canalización de Mr. Lowe se hacía en las reuniones espíritas que tenía con el grupo de amigos afines a estas prácticas, y a las cuales asistían importantes personalidades de la época. Esta es la diferencia que podemos señalar con la manifestación del Dr. Halfhanne que como hemos dicho se limitaba a la atención de enfermos que acudían a Jaime Galté después de agotar todas las intancias de la medicina tradicional.

El texto que más adelante se inserta en este libro (Anexo 1) y que se titula "Pensar, sentir y actuar equilibradamente", fue recopilado de las transcripciones que presumiblemente dejó este maestro espiritual, sobre la base de una de las tantas manifestaciones paranormales que él tuvo durante el transcurso de su vida.

Es un ensayo escrito por don Jaime, en que nos entrega profundas enseñanazas espirituales, lo que nos permite dimensionar el grado de evolución que su espíritu logró alcanzar en esta u otras vidas.

Pensar, sentir y actuar equilibradamente[305]

Por Jaime Galté Carré.

Prefacio

Los conflictos a que se ve enfrentado el ser humano en el curso de su existencia y las dificultades que se le presentan para dar solución adecuada a ellos, lo han ido convirtiendo en un ser aislado, individualista, insensible, ambicioso y materialista. Cualquiera de las características anotadas lo pueden conducir a una meta, pero durante su trayecto y también cuando se ha alcanzado esa primera intención que creyó su meta, siempre parece que le falta algo…y ese algo es precisamente la serenidad interior, imposible de alcanzar mientras exista desarmonía entre el pensamiento, el sentimiento y la acción que lo impulsan.

Indudablemente que es muy difícil equilibrar estos tres aspectos, estas tres fuerzas que emergen de la naturaleza humana, pero así mismo no se puede negar que ello es perfectamente posible. El pensamiento, el sentimiento y la acción dan el sello que singulariza la personalidad de cada hombre y la mejor forma para conseguir su equilibrio es el autoconocimiento, la autoaceptación y la autocorrección de sí mismo.

Las sencillas nociones que se entregan a continuación podrán significar una clave para conseguir ese equilibrio, pero debe tenerse siempre presente que el éxito o el fracaso en esta empresa dependen exclusivamente de la mayor o menor voluntad que se ponga en ello por quien se empeñe en conseguirlo.

UN PENSAMIENTO…PARA MEDITAR:

"Si pensáramos que cada día es un nuevo renacer…sentiríamos la existencia mucho más rica en experiencias y conocimientos…y actuaríamos mejor y más serenamente".

---

[305] Transcripción realizada por Sergio Salinas Sasso.

EL TRIÁNGULO EQUILÁTERO

El día había sido sumamente agitado…los problemas me estaban agobiando y con ansias esperaba la hora en que plácidamente me entregaría a un descanso reparador y al olvido de mí mismo y de todo lo que me rodea. ¡Oh, el sueño…y el olvido…!

Con mucha prisa quería, una vez más y como siempre lo hacía, sumergirme en ese mundo de la inconciencia y escapar así a la realidad.

Como de costumbre di una mirada de inspección a mi pieza y me acosté. Cerré los ojos y esperé…

Los ruidos de la calle eran persistentes, ensordecedores, neurotizantes… Bien; otros oídos tendrían que soportarlos ya que los míos esperan traspasar pronto la cortina de silencio que separa el sueño de la vigilia.

Poco a poco, lo exterior fue quedando atrás y un grato sopor se iba apoderando de todo mi ser…pero algo comenzó a suceder, algo que nunca había notado antes.

Un murmullo como el aleteo de una mariposa se sentía en toda la habitación…

¿En la habitación… o en mi propio interior? ¡Y de pronto sucedió!

Fue como un estallido, tan violento que me sentí obligado a incorporarme en la cama… Y una voz cuya procedencia no podía precisar… una voz armoniosa, suave, muy suave, como un susurro del alma, pero enérgica a la vez, se dejó oír:

"¡Hombre, conócete a ti mismo!".

¿Qué había sucedido?… ¿De dónde provenía esa voz?

Encendí la luz…Mi mente estaba agitadísima. Las ideas confusamente trataban de encontrar una explicación lógica.

¿Tal vez mis preocupaciones? ¿Tal vez alguna impresión grabada por mis sentidos en el transcurso del día?

No, el día había sido tan tedioso como todos aquellos otros que eslabonados constituían mi existencia.

De pronto me tranquilicé…pude discernir con mayor serenidad y caí en la cuenta de que lo más lógico era atribuir a mi propia imaginación una broma de mal gusto. Con este pensamiento apagué de nuevo la luz…

—"Despierta,…y de una vez por todas resuélvete a abandonar la ficción que ha sido tu existencia y prepárate para entrar a la realidad".

¡No! Esta vez no había dudas…alguien me hablaba y al parecer dentro de la habitación.

Hice un esfuerzo supremo y me atreví a preguntar:

¿Quién está aquí?…

—"Tú solo —se me respondió— y la voz que escuchas representa la incógnita que te está inquietando, y que como a ti inquietó a través de los tiempos a muchos otros seres humanos:…El conocimiento de sí mismo".

Pero —me sorprendí diciendo— yo no tengo el menor interés en conocerme, pues me siento satisfecho así, como soy…No tengo para qué preocuparme de ese conocimiento porque, en realidad, tengo tantos otros problemas más importantes en qué pensar… ¡No! Eso no es para mí.

Y la voz, como leyendo en mi interior, respondió:

—"Dime, ¿has pensado cuál es el origen de tus problemas a los cuales concedes tanto valor? ¿Provienen acaso de la acción de tus semejantes, o se desprenden en realidad de tu incapacidad para juzgarte a ti mismo y reconocer luego tus propios errores y rectificarlos para hacer más justa tu convivencia con los demás?…¿Qué tanto conoces a tus semejantes como para culparlos de los problemas que te acosan o bien sentirte incomprendido por ellos?… Y dime, ¿te conoces tú lo suficiente para pensar así?"

Con cierto rubor, tuve que aceptar la evidencia. La voz, la conciencia o lo que fuere, tenía razón. Siempre estaba dispuesto a encontrar los defectos en mis iguales…Ellos odiaban, ellos era egoístas, ellos eran ambiciosos, ellos eran tan materialistas, ellos eran en realidad, tan imperfectos…pero, nunca había ni siquiera intentado examinarme a mí mismo con espíritu crítico, imparcial…

—Dime, pregunté en voz alta, ¿en qué forma podría llegar a conocerme a mí mismo? Porque no me negarás que ello parece ser lo más difícil de conseguir, quién sabe si hasta sea imposible…

–"Así es, en efecto, porque cuando responsablemente intentamos hacerlo, vienen a nuestro encuentro innumerables maneras y posibilidades de realizarlo, y en esa confluencia de diversos senderos nos extraviamos y luego los abandonamos sin obtener provecho alguno Pero para evitar ese triste resultado puedo ofrecerte un método sencillo, simple y al alcance de cualquier hombre bien intencionado y de buena voluntad que quiera intentar el conocimiento de sí mismo Por supuesto, eres libre de aceptar o rechazar lo que te estoy proponiendo".

–Me has interesado verdaderamente.

–Dime, ¿cuál es esa manera tan sencilla que me propones?

–"Bien; te diré para comenzar, que se trata de una pequeña herramienta de trabajo que encierra en sí misma un simbolismo que hay que desentrañar. Para una inmensa mayoría pasa inadvertido. Loas matemáticos extraen de él científicas teorías. Y para los espiritualistas es un principio de cambios.

"Este símbolo es el triángulo equilátero, esto es, el perfecto equilibrio. Este triángulo tiene en realidad un significado muy profundo para quienes desean iniciarse en el autoconocimiento, y ningún significado para quienes no tienen interés en conocerse íntimamente.

"Entrando en materia, te puedo decir que el vértice superior representa el Pensamiento, la Mente del ser humano. El vértice izquierdo representa el Sentimiento, el Corazón del hombre. Y el vértice derecho representa la Acción, es decir, la Voluntad realizando todo lo que el individuo ha pensado y ha sentido. Ahora, lo difícil es lograr el equilibrio en el libre juego de estos tres conceptos representados por cada uno de los vértices del símbolo que te he mencionado".

–Perdona que te interrumpa…Todo lo que me estás diciendo me suena muy bonito, retóricamente, pero en realidad es muy poco lo que he logrado captar, porque como carezco de todo conocimiento preparatorio para penetrar en estos conceptos, se me hace muy difícil asimilar tus ideas…Te ruego, pues, que me vayas explicando por partes, desmenuzando, si es posible, cada uno de los conceptos que has esbozado.

"Bien lo intentaremos así. Respecto al vértice superior, el Pensamiento, se sabe que los hombres no tienen conciencia del poder extremadamente delicado que poseen, y te digo esto porque, en verdad, no saben que con el pensamiento se puede hacer mucho bien…y mucho mal.

"El pensamiento está constituido por vibraciones de la materia en sus distintas densidades, desde la más grosera hasta la más sutil. Y las vibraciones que componen el pensamiento son ondas, digámoslo así, electromagnéticas que llegan consciente o inconscientemente al receptor o mente a quien van dirigidas cuando se trata de seres humanos. El pensamiento, además de ser captado por la mente humana, también puede ser recibido por los animales, las plantas e incluso la materia aparentemente inanimada. Entonces, si el pensamiento es positivo, altruista, si el pensamiento está bien encausado estas ondas van a ser captadas por aquellos a quienes están destinadas, y en los hombres seguramente sus sentimientos y su acción se van a modificar favorablemente. A la inversa, si son bajas pasiones las que dirigen el pensamiento, las vibraciones que lo constituyen van a producir efectos desfavorables en los pensamientos, sentimientos y acciones de aquellos por quienes son captadas".

–Te empiezo a comprender, ¿pero qué me puedes decir respecto al Sentimiento y a la Acción?

–"¡Calma un poco tu impaciencia! Respecto al Sentimiento te puedo decir que la humanidad, en el curso de su existencia, ha tenido un avance notable en el orden material, es decir en lo técnico y en lo científico, aumentando con ellos sus comodidades y bienestar general en su vida física. Pero no es difícil observar que en el aspecto espiritual, es decir, en la parte subjetiva ha caminado en tinieblas, pues en verdad son muy pocas las personas que se han propuesto dedicar aunque sea una pequeña parte de su tiempo, para averiguar quiénes son y cómo son en substancia y así poder conocerse íntimamente".

–Permíteme, pero es que en realidad nuestros problemas cotidianos derivados de nuestras responsabilidades familiares, sociales y económicas nos absorben íntegramente nuestro tiempo y evidentemente tal circunstancia nos impide preocuparnos del aspecto íntimo que nos estás proponiendo...

–"En efecto, el hombre generalmente emplea todo su tiempo en atender sus problemas de orden material y es impulsado entonces hacia su propia naturaleza densa y a un mayor o menor desarrollo de sus pasiones o bajos sentimientos, en perjuicio evidente de los sentimientos elevados que pudieran conducirlo a comprenderse a sí mismo, a entender el origen de sus problemas y luego a fraternizar sinceramente con sus semejantes".

–Pero...si esto que me dices es una gran verdad, y yo agregaría que nos conducimos así porque somos un producto de la vida material que nos corresponde vivir, y francamente no veo la forma de poderla modificar sin faltar a esas responsabilidades que he mencionado.

–"En efecto, esto ha ocurrido y ocurre porque los principios superiores del hombre han permanecido dormidos o dominados por el egoísmo (el "amor" desequilibrado así mismo), uno de los sentimientos negativos de mayor poder de obstrucción para su autoconocimiento"…

–Un momento, explícame entonces qué es lo que en realidad vale en nuestra vida, si el amor propio es un sentimiento obstruccionista. Yo tengo entendido que el amor propio es un sentimiento que nos ayuda a avanzar, a superar nuestras dificultades, a crear…

–"Parece que no has reparado en que definí este sentimiento como amor desequilibrado a sí mismo. Y dime, ¿puede en realidad existir algo positivo que esté en desequilibrio o en desproporción con el servicio que se pretende prestar? Desgraciadamente el "amor propio" de los hombres es demasiado "propio" y muy poco o nada dedicado a lo "ajeno", esto es, al interés de los demás. Has de saber que no son los títulos profesionales, ni los cargos honoríficos, ni la posición social o el haber pertenecido a una u otra doctrina lo que ha de valer para justificar al hombre antes las Leyes de una justicia Superior, sino el desarrollo y el ejercicio sincero del más positivo de los sentimientos, me refiero a la Caridad.

–"Sin Caridad no hay evolución espiritual posible".

–A ver, a ver…explícame ¿qué se entiende por Caridad.

–"Te diré, tus actos caritativos se miden por la mayor o menor entrega que de ti mismo puedas ofrecer a tus semejantes sin esperar beneficio personal, ni recompensa alguna…esto es, en realidad, la oposición concreta al egoísmo".

"Creo que vale la pena detenernos un poco más para ampliar la explicación de este concepto que parece haberte interesado. Desafortunadamente muchos son los que tienen una gran confusión con los sentimientos básicos de AMOR Y CARIDAD, asimilándolos a ciertas manifestaciones de los instintos. Es así como corrientemente se confunde el instinto de procrear y sus derivados pasionales provenientes de una equivocada exaltación del sexo, con el sentimiento del Amor.

–"También se confunde el sentimiento de la Caridad, con pasiones como la vanidad y el orgullo en su forma de ostentación".

–¿Y cómo podría yo diferenciar estos sentimientos?

–"Mira…cuando tú das, por ejemplo, una limosna, ¿se te ocurre acaso examinar íntimamente cuál es el sentimiento que te impulsa a darla? ¿Te sientes realmente conmovido por el dolor o la desgracia de la persona a quien le das? Cuando depositas alguna dádiva en la alcancía colocada a los pies de alguna imagen religiosa, ¿lo haces por Amor o admiración a lo que la imagen representa o lo haces impulsado por un sentimiento negativo de vanidad o lo que es peor, de egoísmo o ambición personal en espera de una retribución mayor de los poderes Superiores, tal como la solución a tus problemas de salud, sentimentales o económicos?

–"¡No amigo mío! –El Amor es el incentivo del espíritu, es luz frente a lo creado porque es vida. Es la expresión que te hace comprender, es la fuerza que según sea el obstáculo que tiene que vencer adquiere múltiples y variadas formas: Así, el Amor se presenta como Caridad cuando se enfrenta con la miseria y el dolor ajenos. El Amor es vida cuando se enfrenta con la muerte y es muerte frente a la vida incontrolada.

–"Pero si quieres captar el sentido y la esencia del sentimiento del Amor, es indispensable que conozcas y comprendas lo que es el sentimiento del Odio, que es la oposición del Amor".

–Sí, voy entendiendo ahora un poco más tus conceptos… ¿Me puedes explicar entonces qué es el Odio?

–"El Odio da expresión y forma a sentimientos del espíritu o pasiones tales como el orgullo, el egoísmo, la ira, el rencor, la envidia, la vanidad, la intolerancia, la soberbia, etc., así como virtudes expresadas en la humildad, la fe, el altruismo, la tolerancia, la esperanza, la caridad, etc. Configuran el Amor. De esto se desprende que para que te puedas sentir incorporado a una espiritualidad elevada deberás aprender a dominar o a destruir tus pasiones o bajos sentimientos que alimentan el Odio, y asimismo deberás saber provocar el nacimiento de las virtudes para exaltar el Amor".

–Hasta ahora me has explicado lo que es el Pensamiento y el Sentimiento, simbolizados en los dos primeros vértices del Triángulo Equilátero que me interesa conocer en toda su integridad. Entonces, ¿qué me puedes decir de la Acción simbolizada por el tercer vértice de este triángulo?

–"La Acción de los hombres generalmente está en desarmonía con sus pensamientos y sus sentimientos, y entonces la voluntad –motor de ella– se debilita y flaquea permitiendo que el hombre sea llevado cual barco sin timón en las tempestuosas aguas de la vida para terminar destrozado o destrozando también a quienes se encuentren cerca de él. Por esto es que mi intención está encaminada a hacerte comprender el valor que tiene el equilibrio entre estos tres aspectos fundamentales para todo ser humano.

"Imagina por un instante que tu existencia estuviera controlada únicamente por el pensamiento. La resultante de ello sería solamente una acción intelectual, fría, calculadora y totalmente indiferente a la vida misma en sus relaciones con el prójimo.

"Por el contrario, si sólo vivieras en relación a tus sentimientos, ocurriría que el Amor y el Odio careciendo de control de la mente y de la adecuada dosificación de la razón, se desbordarían de su cauce normal produciéndote trastornos emocionales que podrían poner en grave peligro tu salud mental y tu convivencia social.

"Si tu acción se limitara solamente a eso, a actuar prescindiendo del pensamiento y del sentimiento, yo te podría asegurar que no existiría gran diferencia entre tu acción y la de un animal cualquiera".

–Sí capto perfectamente lo que me estás diciendo, y en realidad creo que todo ello tiene un interés general enorme. Por esto me pregunto, ¿cómo poder hacer esto al común de la gente que es tan indiferente a estas cosas espirituales, seguramente por desconocimiento de las explicaciones que ahora me estás entregando a mí?

–"Tú lo has dicho, la indiferencia hace precisamente que la gente común no se interese por ellas, a pesar de que, como tú lo estás comprendiendo, el aspecto espiritual requiere indudablemente una mayor atención que el resto de las cosas que configuran el mundo de las formas o el aspecto físico, en el que la gran mayoría de los hombres desenvuelve su existencia convencidos de que ese mundo es el único y verdadero, pese a la eterna e incontrarrestable insatisfacción que esa vida les va produciendo".

Pero, ¿cómo podríamos entonces llegar a comprender en toda su integridad este esencial pensamiento espiritual?

–"Con autenticidad, es mi respuesta. Si tú sientes que en tu interior algo te falta, si tú sientes ese vacío que muchos hombres llevan consigo y no saben a qué atribuirlo, entonces puedes considerarte ya preparado para empezar a comprender y conducirás tus inquietudes hacia el conocimiento de ti mismo primero y así comenzarás tu viaje preparatorio por el micro-cosmos, para pasar, luego que tomes conciencia de él, al conocimiento del marco-cosmos o vida universal, y sólo entonces podrás encontrar la relación que guarda tu existencia con la existencia del Todo y de todos tus semejantes. Antes de que se sienta esta inquietud de conocimientos, sería tiempo perdido al intentar la entrega de estas verdades a los que aún permanecen indiferentes".

–Sí, en el fondo yo creo que todos llevamos con nosotros esa inquietud, esa desazón, ese algo que nos falta, pero no somos capaces de percibir y continuamos nuestra existencia indiferentes y sumergidos en este torbellino del mundo formal o físico Sin embargo, algo vislumbramos cuando nos sentimos preocupados o porque no nos resultan las cosas como las imaginamos y deseamos que fuesen; entonces tratamos de evadirnos del ambiente que nos rodea y de la realidad que nos deprime, porque no la comprendemos y surgen los escapismos que aparentemente nos ayudan a liberarnos de los problemas que nos agobian

–"Tú lo has dicho muy elocuentemente, son escapismos…y la necesidad de escapar de vuestras realidades desagradables a vuestros sentidos materiales deriva de una sensación de vacío por incapacidad para encontraros, por ignorar para qué habéis nacido, para qué estáis viviendo y qué orientación dar en consecuencia a vuestra existencia.

"Aunque tú no lo creas por el momento, puedo decirte que el triángulo que estoy tratando de describirte viene justamente en ayuda de los hombres en quienes se despierte el interés por captar y comprender su propia realidad y así poder avanzar cada vez más y más en el sendero de la perfección espiritual".

–Mira, en verdad quisiera asimilar bien los que me dices y no estar captando sólo a medias tus conceptos. No puedo entender por qué me pides que acepte una realidad que me resulta demasiado cruel como para tratar de retenerla, comprenderla, y luego enfrentarla…cuando lógicamente me resulta mucho más aconsejable evadirme de ella, como lo he expresado.

–"¡Claro! Esa es la forma más fácil de resolver el problema, porque ante cualquiera problemática en la vida, ya sea de orden familiar, sentimental, económica, de salud o de cualquiera otra índole de acuerdo con tu posición, lo mejor sería decir: Ya está hecho, esto es imposible de corregir y más vale que no nos preocupemos de ello, para liberarnos del desagrado que nos produce y seguir existiendo, desterrando aparentemente el conflicto".

–Pero dime, todavía no entiendo qué beneficio se puede obtener con vivir como tú lo propones, es decir enfrentando esa realidad ingrata…

–"Mira, frente a esa inquietud tuya te puedo decir…o mejor, te voy a consultar a mi vez: Dime, los conflictos o problemas que estás tratando de ignorar para vivir mejor, ¿te han permitido siquiera un poco de paz interior? ¿puedes a tu vez entregar paz a tus semejantes?…"

–Por supuesto que no, en ningún instante, todo lo contrario…

–"Bien: quiere decir entonces que tu receta no tiene validez y más vale, en consecuencia, que pongas en práctica el sistema que te propongo y dediques toda la atención que te sea posible al proceso de tu auto-conocimiento, mediante la aplicación integral de las normas que te señalan los conceptos contenidos en el simbolismo del triángulo equilátero.

"El hecho de tomar esta senda, la circunstancia de llegar a autoconocerte, te permitirá también poder conocer a los demás, a tus hermanos, y descubrir por fin la razón que todos tenemos para vivir en este mundo de problemas. Descorrido el velo que nos oculta la verdad acerca de nuestra existencia, conocerás la fisonomía de lo eterno y poco a poco comenzarás a descubrir lo que es la paz espiritual o armonía interior.

"Trata de captar la serenidad del Cosmos, como asimismo la armonía de la Naturaleza y así podrás vivir tú en armonía y serenidad contigo mismo y luego también con tus semejantes…Eso es en el fondo lo que pretende entregarte este pequeño símbolo triangular. Si meditas detenidamente acerca de su contenido, podrás comprender lo que significa el equilibrio perfecto entre el pensamiento, el sentimiento y la acción de los hombres, única forma posible de hacer desaparecer los conflictos y las contradicciones que corroen el alma de la humanidad".

–Me imagino que si en la práctica pudiéramos aplicar sinceramente los consejos que me acabas de entregar llegaríamos a conseguir la felicidad que tanto anhelamos.

–"No, no. La felicidad, en verdad, es un concepto bastante utópico…en lo material. La búsqueda de la felicidad, el anhelo que la enorme mayoría de los hombres siente por encontrarla y usufructuar de ella, es lo que precisamente los hace sentirse desgraciados, infelices e incomprendidos por sus semejantes.

"La felicidad, te digo, no existe en esta vida terrenal. Lo que existe en realidad es la experiencia que debemos vivir y aprovechar; y es la experiencia captada e internalizada la que paso a paso te conducirá hasta el conocimiento absoluto, hasta la presencia del Todo a través de innumerables vidas, y sólo entonces empezarás a comprender y gozar de la felicidad en su concepto integral".

–Sinceramente, creo que es un camino bastante difícil de seguir…y sobre todo de aceptar. Sin embargo vislumbro que el objetivo esencial para poder aprovechar nuestras experiencias sería lograr el perfecto equilibrio del que me has hablado…

–"Sí, justamente ese es el objetivo, y después de conseguir ese equilibrio se puede adquirir la capacidad necesaria para comprender el porqué de las pasiones, de las debilidades y de los errores que acosan el corazón desequilibrado del hombre".

–Me hablas de pasiones y debilidades... ¿pero no crees tú que cuando se está viviendo en este torbellino de cosas y acontecimientos de la vida material, no se nos ocurre siquiera pensar que sean negativos o positivos, sino que por el contrario pensamos que estamos siendo felices?

–"Ahí está precisamente el error...Tú confundes la felicidad con la indolencia y la inconciencia, o al cerrar los ojos ante la realidad y aprovecharse de las efímeras apariencias construyes una felicidad inexistente. Pero vuelvo a decirte, en tu propio interior y en el de todos aquellos que evaden la realidad se va formando un vacío, un vacío que no puede ser llenado con nada... y comienza así la búsqueda que conduce a los hombres de un lado a otro, de agrupaciones en agrupaciones, con la esperanza de encontrar algo con qué poder llenar ese vacío interior, lo que sólo logrará cuando adquiera el conocimiento de las Leyes Espirituales que rigen el Universo y todo lo que está comprendido dentro de él y especialmente el ser humano, su obra más perfeccionada.

"Sabido es que el hombre, por ser poseedor de libre albedrío –o libertad de elección– tiene la facultad de desequilibrarse en cualquier momento de su existencia, y es el triángulo equilátero, mejor dicho el simbolismo que él encierra, lo que viene a recordarle su origen, su misión y su destino en equilibrio perfecto...Aún más, desde el fondo de su conciencia, de su Yo, y aceptando la Voluntad Divina, el hombre debe construir su personalidad perfectamente equilibrada para Poder, Sentir y Actuar conforme al simbolismo del triángulo equilátero en el sendero trazado por su evolución.

"Se comprende entonces que los Maestros Superiores, invisibles para nuestros sentidos materiales, pero siempre presentes en ayuda de la humanidad doliente, señalen al triángulo como una figura indispensable para meditar y conseguir la serenidad interior que tanto se anhela, Cuando se entrega y se confía este símbolo al cuidado de un espiritualista, estos Maestros invisibles depositan en él su Amor, Caridad y Sinceridad, para conceder su apoyo incondicional a la causa del Bien que ellos sirven. Este símbolo vale también para recordar a quienes lo han aceptado, la misión del Servicio y Sacrificio que les corresponde desempeñar en favor de sus semejantes..."

–No pude ocultar mi emoción y mi interés ante lo que se me estaba revelando. Verdaderamente era una gran responsabilidad la que estaba aceptando al escuchar y asimilar esta entrega de lo invisible siempre presente en lo visible, como la "Voz" lo manifestara ..e inquieto pregunté:

–¿Me puedes decir, por favor, si este triángulo tiene alguna otra facultad?

–"Si –contestó– Este símbolo que se entrega a quien lo merece, bajo la forma de un triángulo de plata, concentra la energía y vibraciones del Campo Mental y del Campo Sentimental. Estas fuerzas al ser requeridas con fe y seguridad en los poderes asignados al símbolo plateado, pueden devolver la serenidad a quienes se han abandonado a la ira o al rencor y pueden producir alivio o mejoría a los que padecen de dolores físicos o morales.

"No es indispensable, te advierto, la posesión material del símbolo para operar con sus poderes. Así, quienes no lo poseen, basta con que se formen una imagen mental de él y se invoquen las fuerzas que de él se desprenden para que también se produzca el fenómeno mencionado…ayudados por todos aquellos que son poseedores físicos de él.

"Esto significa, que el triángulo ayuda al hombre a concentrar la energía de ciertas facultades que posee, pero que aún no domina, y que le proporciona, mediante esta transitoria concentración, la comprensión que busca o el alivio que necesita.

"Te diré, volviendo al equilibrio que debe buscar el ser humano, que es fundamental que los Pensamientos sean justos, elevados y espirituales, así como también los Sentimientos, para que la Acción lo sea en consecuencia. Una vez logrado este equilibrio, el hombre habrá conseguido la Paz y la Serenidad Interior.

"Te puedo agregar, que una vez que se obtiene este equilibrio se puede proyectar hacia afuera, traduciéndose en serenidad y pacificación para otras mentes en desorden o en desequilibrio y así se puede entregar una ayuda efectiva a quienes la necesitan.

"Ahora, en el plano interno, la Paz y la Serenidad aquietarán tu conciencia y te harán más receptivo a la comprensión de Verdades más elevadas, más puras, más cercanas al Principio de todas las cosas y te aproximarán así al Plano Espiritual en el que el Triángulo tiene su máximo y trascendente resultado y significación.

–¿Podrías explicarme, si te es posible, el significado del Símbolo en el Plano Espiritual?

—"Por supuesto que sí. El Triángulo simboliza en este aspecto a la Divinidad misma:

"Uno de sus vértices corresponde al Padre, al Pensamiento creador...esto es, al Todo.

"Otro de sus vértices corresponde al Hijo, vale decir al Sentimiento, al Amor Universal...lo Creado.

"El último vértice corresponde al Espíritu Santo, la Acción, la Voluntad, es decir lo que Mantiene. Es la energía universal, la substancia infinita, el Ki.

"Así, entonces:

"El Padre nos da Poder.

"El Hijo nos entrega Amor.

"Y el Espíritu Santo, que une al Padre y al Hijo, nos induce a la Acción en Armonía con las Leyes Divinas.

"Todo lo dicho, amigo mío, lleva a concluir que el Triángulo equilátero es una figura y un símbolo de una importancia capital, ya que representa a la Divinidad y a sus Leyes Universales:

¡La Creación, la Naturaleza y el Hombre Armónico, sus fuerzas y poderes que en conjunto obran en forma equilibrada, armónica y perfecta.

"Resume también los tres atributos de los Universal, como verás:

"Uno de sus ángulos corresponde a la Eternidad, dando origen al Tiempo con su triple característica: Pasado, presente y porvenir unido al número.

"El otro ángulo representa el atributo de la extensión, que da origen al espacio con sus tres dimensiones conocidas: Longitud, Latitud y Espesor, ligados a la medida.

"El último ángulo equivale al tercer atributo de lo Universal, la Substancia eterna e infinita, que da origen a la Materia en sus tres estados: lo Sólido, lo Líquido y lo Gaseoso, ligados al Peso".

Conmovido por estas nuevas revelaciones, dije:

–Verdaderamente, recién me estoy dando cuenta de la profundidad que encierra el simbolismo del triángulo equilátero. Te confieso que ni remotamente imaginaba todo esto... Pero continúa por favor con tus explicaciones.

–"Pues bien, ahora si tú consideras que el universo puede dividirse, bajo el punto de vista esotérico, en tres grandes Planos, uno de los lados del Símbolo corresponde al Plano Físico o de las Formas, donde se desenvuelve la vida material, con su triple característica. El Padre, la Madre y el Hijo.

"Otro de los lados se relaciona con el Plano Mental o Metafísico donde se desenvuelve el "alma humana" con su triple característica: el Pensamiento, el Sentimiento y la Voluntad que impulsa a la acción.

"El último lado, corresponde al Plano divino o Espiritual, en el que a través de la Teología se puede penetrar en la comprensión del Todo, de la Reencarnación y la Redención.

"Luego entonces, el triángulo es el fin y la expresión suprema del Amor".

–Estoy tratando de seguir tus razonamientos sin perderme en el significado de los conceptos, por esto te ruego que me aclares el término Plano, que acabas de mencionar.

–"Bien...he aquí que todo está en movimiento, todo vibra, nada está en reposo, desde la más elevada manifestación hasta la más baja.

"Todas las cosas vibran y no solamente vibran con diferente intensidad, sino también en diferentes direcciones.

"Los grados de intensidad vibratoria constituyen los grados para medir los planos a que me he referido.

"Cuanto más elevado es el grado de vibración, tanto más elevado es el Plano.

"De manera que has de tener presente, que aunque un Plano no es un lugar, ni un estado o condición, posee sin embargo cualidades comunes a ambos.

"Pero las verdades ocultas en el simbolismo del triángulo que te he mencionado, no tendrían valor alguno si no las extraes tú mismo mediante el esfuerzo de la meditación, para así internalizarlas e incorporarlas a tu ser íntimo, para poder sacar las energías que te permitirán actuar equilibradamente y serenamente en el mundo terreno".

–Te consulto, ¿cómo podría hacerlo entonces...?

–"Mira, desde esta misma noche empieza a utilizar esta herramienta simbólica...Antes de dormirte, trata de visualizar a unos cinco centímetros y frente a tu entrecejo un pequeño triángulo equilátero plateado, de aproximadamente unos tres centímetros por lado. Utiliza para ello tu voluntad e imaginación y concéntrate en el vértice superior de esta imagen mental que has construido y consulta a tu Yo interno si tus pensamientos han sido suficientemente positivos, altruistas y creativos, y si has tratado de comprender con amplitud a tus semejantes. Luego, respóndete a ti mismo con absoluta sinceridad.

"Concéntrate después en el vértice izquierdo y consulta a tus sentimientos –a tu propio corazón– si has sentido con verdadero Amor la Caridad Divina y si la has proyectado a otros corazones.

"Por último, concentra tu atención en el vértice derecho y pregúntate si tu acción ha sido serena. Si tus acciones movidas por tu voluntad han sido la resultante de tus pensamientos y sentimientos en perfecta armonía.

"Amigo mío, te sugiero que efectúes este pequeño ejercicio todas las noches y con constancia. Observarás, entonces cómo algo comienza a cambiar en tu interior y pronto llegarás a ser un verdadero alquimista mental, pudiendo en cualquier momento transmutar tus pensamientos y sentimientos negativos en positivos e influir en la mente y el corazón de tus iguales".

–Es verdaderamente increíble como este diálogo que hemos mantenido en forma tan fraternal, me ha dado una visión nueva y clara de la existencia y ha despertado mi interés por conocer mucho más y profundizar lo que en apariencia permanece oculto, es decir, las Leyes Naturales o Divinas. No sé cómo agradecerte esta sensación de serenidad que me has dejado. Te prometo que trataré de ser un hijo de Dios y reconocer en mis semejantes a sus otros hijos, vale decir a mis propios hermanos.

–"Bien, hermano mío...Un nuevo amanecer se incorpora entonces a tu vida, salúdalo con esta pequeña oración final –alquimia mental, no lo olvides– que sintetiza todo lo dialogado, y espero que las alboradas venideras sean siempre saludadas en esta forma:

EN EL NOMBRE DEL PADRE:

Que mis pensamientos sean
siempre Positivos,
altruistas y creativos.
Que la sabiduría,
la compresión y la justicia
sean en mi Mente
y los proyecte a mis hermanos
para unificarnos
en la Mente del CREADOR.

EN EL NOMBRE DEL HIJO:
Que el divino Maestro Jesús
impregne mis sentimientos
y sean la proyección
y la vivencia
de aquel infinito Amor
y que mi corazón se transforme
en el receptáculo
de la Caridad Divina,
y en el vehículo
que la transporte y deposite
en otros corazones.

EN EL NOMBRE DEL ESPIRITU SANTO:
Que cumpla mi misión
en la forma más equilibrada posible,
Y que la Serenidad
sea en mi interior,
para serenar
otras mentes y otros corazones.
Que mi acción sea, pues,
la resultante
De mis Pensamientos y
De mis Sentimientos
En perfecta ARMONIA.
                    Así sea!

PENSAR

SENTIR
ACTUAR

Títulos de Jaime Galté

Algunos títulos obtenidos y sociedades en las que participó:

- Abogado

- Profesor de Derecho Procesal de la escuela de Ciencias Jurídicas y Sociales de Valparaíso

- Profesor de Derecho Procesal de la escuela de derecho de la Universidad de Chile

- Director de la escuela de Ciencias Jurídicas y Sociales de Valparaíso

- Abogado en la empresa periodística "La Nación S.A.".

- Abogado del Tribunal de Cuentas de la Contraloría General de la República

- Abogado del Departamento Jurídico de la Contraloría General de la República

- Formó parte de la comisión redactora del Código Orgánico de Tribunales de ese tiempo

- Publicó un texto para su enseñanza en la Escuela de Leyes, titulado "Manual de Código Orgánico de Tribunales".

- Concurrió al Congreso de Abogados celebrado en Santiago el año 1960, siendo elegido relator de la Comisión en la que le correspondió participar

- Fue miembro del Directorio General de la Asociación de Boys Scout de Chile, como delegado del Directorio Provincial de O´Higgins

- Director de la Sociedad Científica de Chile

- Fundador de la Sociedad Chilena de Parapsicología

Epílogo

Esperamos que la lectura de este Libro, que ha pretendido recordar y poner en el presente de todos nosotros, las enseñanzas de este Maestro espiritual, sirvan de orientación y enseñanza a todos los hombres y mujeres que alguna vez han sentido ese vacío interior, esa hambre de un alimento espiritual que no lo encuentran, que lo están buscando y que todavía no saben donde pueda estar.

Puede ser que esta no sea la respuesta adecuada a la pregunta que te inquieta, pero si puede servir para recordarte que escuches ese llamado interno que a veces te sususura en tu yo interior.

Recordemos esas mismas palabras que a don Jaime le dijeron otros maestros de los planos superiores : " Despierta...... y de una vez por todas resuelve a abandonar la ficción que ha sido tu vida y prepárate para entrar a la verdadera realidad..." Conócete a ti mismo"

Ese es el dilema del hombre moderno. Pretendemos conocer el mundo exterior con grandes avances tecnológicos y dominio de la materia, y todavía no somos capaces de conocer ese mundo interior que esta dentro de cada uno de nosotros. Y como no lo conocemos, no hemos podido mirar nuestras imperfecciones, falencias, defectos, etc., para de ahí en adelante empezar a enmendarnos, perfeccionarnos y pulir esa piedra bruta que somos, en suma, tratar de ser mejores cada día, para así hacer mejor nuestro entorno, nuestra sociedad.

Las enseñanzas de este triángulo equilátero, que tanto inquietó a Pitágoras no sólo en el estudio de las ciencias Matemáticas y Geometría, sino también en su lado esotérico, están contenidas ocultas en este símbolo, que como verdades absolutas que nadie debe dejar pasar, son como diamantes tapados por el polvo de la ignorancia y olvido humano: " Piensa bien, piensa positivo al unísono con ese mismo sentimiento, que de tu corazón y de tu boca no salgan malas palabras y acciones, despójate de ese ego y orienta tu ser en el servicio a los demás, y verás que todo mejorará en tu entorno, y si esto lo practicáramos cada uno de nosotros, nuestra sociedad sería distinta.

Si no cambiamos al ser humano desde adentro hacia afuera, cualquier cambio externo, cualquier revolución social no tendrá una base de sustentación sólida para que una sociedad sea más justa, igualitaria y solidaria. Sin dominar nuestras pasiones como el egoísmo, la ambición, la envidia, el hombre seguirá siendo un juqguete de esos malos elementos.

Bibliografía

Libros

Baradit, Jorge. (2015). *Historia secreta de Chile*, Santiago, Penguin Random House Grupo Editorial.

Campos Harriet, Fernando. (1960). *Desarrollo Educacional 1810-1960*, Santiago, Editorial Andrés Bello.

Cándido Xavier, Francisco. (2004). Los mensajeros espirituales, Séptima Edición, Buenos Aires, Kier.

Corporación Cultural Arturo Prat. (2015). *Prat*. Armada de Chile.

Facultad de Ciencias Jurídicas y Sociales. (1961). *Anales Cuarta Época*, vol. II, Universidad de Chile.

Fonck Sieveking, Óscar. (1975). *Kahunas. Los Poseedores del Secreto*, Santiago, Zig-Zag.

Gran Logia de Chile. (2006). *Grandes Maestros de la Masonería Chilena 1862-2006*, Santiago, Ediciones Gran Logia de Chile, Segunda Edición.

Grez Toso, Sergio. (2007). *Los anarquistas y el movimiento obrero: la alborada de "la Idea" en Chile, 1803-1915*, Santiago, LOM Ediciones, Santiago.

Horta, Gerard. (2002). *De la mística a les barricades*, Barcelona, Edicions Proa.

Jorquera, Carlos. (1990). *El Chicho Allende*, Santiago de Chile, Ediciones BAT.

Kardec, Allan. (2002). *¿Qué es el espiritismo?*, Buenos Aires, Editorial Kier.

Krumm-Heller, Arnold. (sf). *Logos, mantram, magia*.

Lowe. (1972). *El Escarabajo Sagrado*, Santiago, Circulo Martinista Jaime Galté.

Michelet, Jules. (1984). *La bruja*, Barcelona, Editorial Labor.

Parra, César. (2005). *Guía mágica de Santiago*, Santiago, RIL Editores.

Pauwels, Louis y Bergier, Jacques. (1968). *El retorno de los brujos*, Barcelona, Plaza & Janes.

Piga, Arturo. (1976). *La Parasicología un enigma*, Santiago, Nacimiento.

Rodríguez Vértiz, Felipe. (2000). *Modernidad y posmodernidad*, México DF, Editorial Limusa.

Silva Cima, Enrique. (2000), Memorias privadas de un hombre público, Santiago, Editorial Andrés Bello.

Touraine, Alain. (2000). *Crítica de la modernidad*, Fondo de Cultura Económica, México.

Vial, Gonzalo. (1995). *Arturo Prat*, Santiago, Editorial Andrés Bello.

Vicuña, Manuel. (2006). *Voces de Ultratumba. Historia del Espiritismo en Chile*, Santiago, Taurus.

Vicuña, Manuel. (2005). "El culto puertas adentro. El espiritismo en Chile", en Sagredo, Rafael y Gazmuri, Cristián. *Historia de la vida privada en Chile. El Chile moderno de 1840 a 1925, Tomo II*, Santiago, Taurus.

Revistas y artículos en Internet

Aranda, Gilberto y Salinas, Sergio. (2010). Cronotopos y parusía: las identidades míticas como proyecto político, Polis, vol. 9, N° 27, Santiago.

Boizard, Ricardo (Picotón). 1965), El caso Galté, diario Clarín, Santiago de Chile, 5 de noviembre.

Bravo Llantén, José. (1993). Jaime Galté: un masón insólito, Anuario Pentalpha N°9.

Carrasco, Eulojio. (1875). El espiritismo, Revista Chilena, Tomo II, Santiago.

Castelli, Renato. (1997). Más allá de la realidad, Las Últimas Noticias, 12 de Octubre.

Centro Barcelonès de Cultura Espirita. (2002). Espiritismo y Parapsicología. Flama Espirita. 103-Enero/Marzo y Flama Espirita 104-Abril/Junio.

Cisternas, Carlos. (2007). La gran interrogante de los fenómenos paranormales: misterios por resolver, *El Mercurio de Valparaíso,* 25 de marzo de 2007.

Confederación Espiritista Argentina, Chico Xavier (1910-2002). Brasil –El médium más famoso del siglo XX

Correa, Raquel. (1965). Los mil prodigios del Mago Galté, El Mercurio, Santiago de Chile, 25 de septiembre.

Delgado Ruiz, Manuel. (2002). Anarquía y espiritismo, El País, 2° de abril, España.

Escobar, Enrique. 2010. El Dr. Brenio Onetto Bachler y su aporte a la parapsicología chilena, Revista GPU, volumen 6, N° 2.

Faludi, Magda. (2007-2008). Jaime Galté Carré ¿Mensajero de otro mundo?, diciembre-enero.

Fredes Barrera, Hulda. (2009). La luz que guió a los sobrevivientes del naufragio del Itata.

Gámez, Luis Alfonso. "Sí eres un espíritu, das dos golpes".

Gamboa Galté, Francisco. Jaime Galté Carré - El Médium Chileno de fama mundial.

Gamboa Galté, Francisco. Su primera manifestación paranormal, fue un sueño con su padre.

Gamboa Galté, Francisco. La increíble historia del hundimiento del vapor Itata.

Gamboa Galté, Francisco. Primera manifestación del Dr. Eric Halfanne.

Gamboa Galté, Francisco. Diagnóstico del más allá contradecía el de los Doctores.

Gamboa Galté, Francisco. Diagnóstico del más allá contradecía.

Gamboa Galté, Francisco. Diagnóstico de tumor al útero.

Gamboa Galté, Francisco. Galté confirmó y amplió diagnóstico médico de una niña de 3 años.

Gamboa Galté, Francisco. El caso de la familia Valencia Avaria - Galté salva niña de 7 años.

Gamboa Galté, Francisco. Ponen a prueba a Galté con sorprendentes resultados.

Gamboa Galté, Francisco. Receta de tranquilizante y vitaminas a una embarazada.

Gamboa Galté, Francisco. Tratamiento de Ulcera con medicamento que no existía en Chile.

Gamboa Galté, Francisco. Relatos de Silva Cimma.

Gamboa Galté, Francisco. Manifestación de esposa fallecida.

Gamboa Galté, Francisco. Relatos de Boizard (Picotón).

Gamboa Galté, Francisco. Premonición terremoto de Chillán. 1938.

Gamboa Galté, Francisco. Manifestación de suegra de Miguel Schweitzer.

Gamboa Galté, Francisco. Comentarios.

Gran Logia de Chile. (2014). Una jornada mágica con el influjo de Galté, 13 de noviembre.

González de Pablo, Ángel. (2006). Sobre los inicios del espiritismo en España: la epidemia psíquica de las mesas giratorias de 1853 en la prensa médica, Asclepio, revista de Historia de la Medicina y de la Ciencia, vol. LVIII, N° 2, julio-diciembre.

Goldsack, Hugo. (1975). Galté y su médico de ultratumba, Revista del Sábado, Diario El Mercurio. Santiago de Chile, 11 de octubre.

Gran Logia de Chile, Salvador Allende Gossens.

Grupo Martinista. (2010). Jaime Galté, 30 de septiembre.

H. M. C. (1974). Los límites de lo oculto, revista Ercilla, 12 de noviembre.

Infante Yávar, Roberto. (1986). Recuerdos de un médico, Revista del Colegio Médico, Santiago de Chile.

La Lira Chilena. 1904. N°42, Año VI.

López Aguilar, Hilda. (1996). El médium chileno que causó impacto mundial, revista Revelación, marzo.

Mahn, Liliana. (1984). Jaime Galté: Mensajero del más Allá, Revista Clan, N° 21.

Martínez Meller, Francisco. (2015). Mecanismo de la Mediumnidad, Revista Occidente, N°45, octubre.

Mendoza, Marcelo. (1986-1987). El Anarquismo en Chile (Primera parte). De los ácratas intuitivos a la huelga portuaria, revista APSI, N°119, año 11, diciembre de 1986-enero de 1987.

Mora Vanegas, Carlos. Recordando a Jaime Galté Carré.

Mora Vanegas, Carlos. (2016). Intercambio epistilar con el autor. 2 y 3 de febrero.

Prometeo, Jaime Galté Carré.

Recart, José Luis. (1966). Jaime Galté, un médium de excepción, El Mercurio. Santiago de Chile, 11 de septiembre.

Redmagdala. 1922: La catástrofe del Itata pasó desapercibida.

Revista Occidente. (2014). ¡Gracias a él, yo estoy aquí!, La ayuda del Médium Jaime Galté, enero/Febrero.

Revista Occidente. (2013). El puente desde el más allá, N°435, diciembre.

Revista Masónica de Chile. (1965). El ilustre y venerable hermano Jaime Galté, N°9-10, noviembre-diciembre.

Sésnic, Rodolfo. (1974). Médium de fama mundial nació y murió en Chile. La increíble historia de Jaime Galté, La Segunda, 3 diciembre.

Serrano, Miguel. (1965). Jaime Galté, "mutante" chileno, El Mercurio, sábado 30 de octubre.

Sierra, Malú. (1963). Lo que no se puede explicar, Revista Ercilla, 25 de diciembre.

Uribe Echeverría Catalina. (2010). El cuerpo presente de Jaime Galté Carré: entre el positivismo y la voz de los muertos, Revista Chilena de Literatura, Sección Miscelánea, noviembre.

Vicuña, Manuel. (2005). Conjuros Espiritistas, Patrimonio Cultural, Año X, N°35, otoño.

Vitro, Jaime Galté, el Notable Médium Chileno.

Zotes Sarmiento, Eduardo. (2009). Espíritus en el banquillo, El Escéptico, otoño.

Tesis

Bastías Carvacho, Ignacio. (2007). Movimientos populares (siglos XIX-XX): Política Libertaria y Movimiento Anarquista en Santiago. 1917-1927. Tesis para optar al grado de Licenciado en Historia, Universidad de Chile.

Muñoz, Yerko. (2012). ¡Vuelven los muertos!: espiritismo y espiritistas en Chile (1880-1920), Informe de Seminario de Grado para optar al grado de Licenciado en Historia, Departamento de Ciencias históricas Facultad de Filosofía y Humanidades, Universidad de Chile.

Programa de TV

Caiozzi, Silvio. (1995). "Historia de un médium", TVN, programa ¿Y si fuera cierto?

Caleta de pecadores. (1996). Fenómenos paranormales, Canal Rock & Pop, 18 de diciembre.

Con Mucho Gusto. (2013). Jaime Galté y sus dones extrasensoriales, Megavisión, 26 de Diciembre.

Índice

Prólogo
Galte, el Maestro Espiritual más allá del tiempo por
"Grupo de Estudios Jaime Galé"   7

Introducción   11
La expansión de la parapsicología   15
Los orígenes en Chile   23
Espiritismo y anarquismo   32
Desarrollo del médium   33

Capítulo 1:
JAIME GALTÉ: Su actividad profesional y en la Masonería   39
1.1 Su biografía y estudios   39
1.2 Su vida en la masonería   45

Capítulo 2
Su vida como médium   51
2.1. Su primera manifestación paranormal   51
2.2. El vapor Itata   54
2.3. Dr. Halfanne   56
    2.3.1. Caso del molar   58
    2.3.2. La niña de siete años   61
    2.3.3. Miguel Serrano y el desdoblamiento   61
    2.3.4. Receta de tranquilizante y vitaminas a una embarazada   62
    2.3.5. Diagnóstico de tumor al útero   62
    2.3.6. Confirma y amplia diagnóstico médico
de una niña de 3 años (1943)   65
    2.3.7. El caso de la famila Valencia Avaria   66
    2.3.8. Ponen a prueba a Galté con sorprendentes resultados   68
    2.3.9. Relatos del Doctor Roberto Infante Yávar   69
    2.3.10. Relatos de Silva Cimma   73
    2.3.11. Tratamiento de úllcera con medicamento
que no existía en Chile   81

2.3.12. Jaime Galté me salvó 82

2.3.13. Descubre consecuencias de escarlatina 31 años después 84

2.3.14. El agotamiento producto del trabajo del Doctor Halfanne 85

2.4. Mr. Lowe 87

2.5. Otros Casos 95

2.5.1. Manifestación de esposa fallecida 95

2.5.2. Visita de Chopin 97

2.5.3. Relatos de Ricardo Boizard (Picotón) 99

2.5.4. Premonición terremoto de Chillán (1938) 100

2.5.5. El presidente Carlos Ibáñez, recurría a Galté 100

2.5.6. Manifestación de suegra de Miguel Schweitzer 101

2.5.7. Niño fallecido pide perdón a su madre a través de Galté 102

2.5.8. El presidente Salvador Allende, también recurrió a Galté 102

2.5.9. Curación de córneas 103

2.6. Su muerte 104

Últimos comentarios 108

Anexo 1: Pensar, sentir y actuar equilibradamente 113

Anexo 2: Títulos de Jaime Galté 131

Epílogo 133

Bibliografía 135